SÃO CARLO ACUTIS

UMA BIOGRAFIA

TÍTULO ORIGINAL *San Carlo Acutis: Una Biografía*

Latitude é o selo de aperfeiçoamento pessoal da VR Editora

GERENTE EDITORIAL Tamires von Atzingen
EDITORA Silvia Tocci Masini
EDITORA-ASSISTENTE Michelle Oshiro
PREPARAÇÃO Andresa Vidal Branco
REVISÃO Michelle Oshiro
PROJETO GRÁFICO E CAPA Cecilia Aranda
DIAGRAMAÇÃO Pamella Destefi
PRODUÇÃO GRÁFICA Alexandre Magno

Dados Internacionais de Catalogação na Publicação (CIP)
(Câmara Brasileira do Livro, SP, Brasil)

Silveyra, Jesús María
São Carlo Acutis: uma biografia / Jesús María Silveyra;
tradução Silvia Tocci Masini. – São Paulo: Latitude, 2025.

Título original: San Carlo Acutis: una biografía.
ISBN 978-65-89275-86-2

1. Carlo Acutis, Santo, 1991-2006 2. Catolicismo 3. Igreja Católica 4. Santos cristãos – Biografia I. Masini, Silvia Tocci. II. Título.

25-290992 CDD-282.092

Índices para catálogo sistemático:
1. Santos: Igreja Católica: Biografia 282.092
Eliane de Freitas Leite – Bibliotecária – CRB 8/8415

VR Editora S.A.
Av. Paulista, 1337 – Conj. 11 | Bela Vista
CEP 01311-200 | São Paulo | SP
vreditoras.com.br | editoras@vreditoras.com.br

Jesús María Silveyra

SÃO CARLO ACUTIS

UMA BIOGRAFIA

TRADUÇÃO
Silvia Tocci Masini

LATITUDE°

Para Julieta María

A Eucaristia é a minha estrada para o céu.

CARLO ACUTIS

Sumário

Nota de Esclarecimento

Todas as citações textuais, tanto de Carlo Acutis quanto de sua mãe e de outras testemunhas de sua vida, foram retiradas de inúmeras fontes encontradas na internet (*Vatican News*, *ACI Prensa*, *Avvenire*, *Aleteia*, *Catholic.net* etc.), com exceção de algumas passagens extraídas do livro de Antonia Salzano e Paolo Rodari: *Il Segreto di mio figlio* (*O segredo do meu filho*).

Prólogo do autor

Tenho alguns motivos para ter escrito este livro sobre Carlo Acutis. Em primeiro lugar, foi um livro encomendado pela editora antes que ele fosse canonizado e, por coincidência, eu já conhecia um pouco sobre ele, pois, em 2020, escrevi um artigo no jornal *Clarín*, da Argentina, quando Carlo foi beatificado. Na ocasião, fiquei profundamente impressionado com o fato de a história de alguém tão jovem, com apenas quinze anos, ter alcançado tamanha repercussão mundial em tão pouco tempo.

Em segundo lugar, porque parte da minha obra literária está ligada ao religioso, como você poderá comprovar ao ler minha biografia. Como católico, sinto que essa é a minha singela contribuição evangelizadora, em um mundo tão distante de Deus e alheio ao sentido da vida. Mas essas duas razões, por si só, não seriam suficientes para me levar a escrever sobre Carlo. Definitivamente, não. Sempre preciso de alguns impulsos espirituais para me motivar, e dois surgiram antes de tomar a decisão.

O primeiro foi descobrir, ao receber o pedido da editora, que Carlo era devoto da Virgem de Guadalupe, assim como eu. Carlo não apenas tinha uma imagem dela colada na parede do seu quarto, como dizia que, se morresse jovem, a primeira coisa que gostaria que sua alma fizesse, antes de subir ao céu, seria voar até o Tepeyac (o monte próximo à Cidade do México, onde Maria apareceu ao índio São Juan Diego, em 1531), para se ajoelhar aos pés da Virgem. Isso me uniu a Carlo de maneira muito profunda no plano devocional, e era como se Maria estivesse me dizendo que me acompanharia nesta missão que me fora confiada.

Mas o segundo, e mais importante, foi descobrir que o primeiro milagre atribuído ao jovem Acutis, e que levou à sua beatificação, aconteceu com um menino brasileiro que sofria de uma doença no pâncreas. E acontece que minha esposa, Julieta María, a quem dedico este livro, está neste momento enfrentando um tumor no pâncreas e passando por um processo intenso de tratamento.

Começo, portanto, esta obra confiando-a à intercessão de Carlo Acutis, para que, se for da vontade de Deus, aconteça um milagre ou, ao menos, para que Carlo nos conceda mais força para atravessar tudo isso.

O início de uma jornada

Eu poderia começar contando que Carlo gostava muito de animais, que tinha quatro cachorros e dois gatos em casa, que jogava futebol e PlayStation, que comia chocolates e gostava de filmar com uma câmera, que empinava pipas, sabia esquiar, era torcedor do Inter de Milão e apaixonado por informática. Mas, não, tenho que começar de outra forma, deixando-me envolver pelo fogo que arrebata: o fogo do Espírito. Ainda assim, é importante indicar alguns dados biográficos essenciais. Quero escrever como se Carlo estivesse aqui, ao meu lado, contando-me sua história, e como começou sua jornada espiritual até se transformar em uma verdadeira estrada que leva para o céu. Para que você sinta que a santidade é possível, sim, para qualquer jovem nos dias de hoje. Tudo depende de cada um, mas com a ajuda de Deus, como Carlo teve. Em uma frase, é preciso dizer: "Não eu, mas Deus", e deixá-lo agir em nossas vidas. Carlo repetia essa frase como uma de suas favoritas.

A primeira coisa que me pergunto é como deve ser ter um filho santo. Será que dá para perceber isso desde o nascimento ou é algo que se vai descobrindo com o tempo? É um impacto imediato ou vai se formando com o crescimento dele? Será que seus pais o viram como santo ao nascer ou só perceberam isso quando ele partiu deste mundo e começou a fazer milagres através de sua intercessão? São perguntas que não posso responder no início, sem antes ter uma noção de sua vida. Por onde começo, então? Por ele ou por seus pais?

Vamos primeiro conhecer um pouco da vida de seus pais: Andrea Acutis (que significa André, embora em outros países seja usado como nome feminino) e Antonia Salzano. Andrea nasceu em 1964, em Torino (Turim), no norte da Itália. Sua família tinha uma situação financeira muito boa, pois seu pai, Carlo Acutis, era dono da companhia de seguros Vittoria Assicurazioni. Andrea estudou Economia Política na Universidade de Genebra, na Suíça, e cumpriu o serviço militar no Exército, no corpo dos Alpinos, em Aosta, e o concluiu junto aos Carabinieri, em Roma, para ficar perto de Antonia. Quando Carlo nasceu, Andrea trabalhava na consultoria financeira Lazard Brothers, em Londres. Pouco depois, ele ingressou na empresa de seguros da família e atualmente é seu presidente. A família Acutis era católica, com certa prática religiosa que Andrea abandonou quando foi para a universidade.

Antonia Salzano, por sua vez, nasceu em 1966, em Roma, embora sua família fosse originária de Centola, um pequeno vilarejo na província de Salerno, região da Campânia, no sul da Itália. Sua família também era abastada, dedicada ao mundo editorial. Ou seja, uma família de intelectuais. Ela cresceu em Roma, perto da Piazza Venezia, e frequentou um colégio de freiras, onde recebeu a formação básica do catolicismo. Seu pai biológico morreu quando ela tinha quase cinco anos e ela passou por uma profunda crise que a levaria, mais tarde, a uma certa perda da fé. Ela mesma diria que só foi à igreja para fazer a primeira comunhão, a confirmação e o casamento, embora fizesse algumas incursões a uma capela em Roma, para rezar diante da imagem de Nossa Senhora das Dores e pedir-lhe que passasse nas provas. Luana, sua mãe, voltou a se casar, segundo nos conta a própria Antonia, com um homem extraordinário "que eu considerava meu verdadeiro pai". Chamava-se Antonio.

Andrea e Antonia se conheceram em Forte dei Marmi (uma praia entre Gênova e Pisa), em 1986, e ficaram noivos pouco tempo depois. Em seguida, Andrea foi trabalhar em Londres, e ela o acompanhou com a desculpa de aperfeiçoar o inglês e fazer um mestrado em Economia e Gestão Editorial. Por fim, casaram-se em Roma no dia 27 de janeiro de 1990, na basílica de San Apollinare, perto da Piazza Navona. Fizeram um pequeno almoço com familiares e amigos próximos e, no dia seguinte, voltaram para Londres.

Penso que esses fatos já bastariam para começar, mas aproveito algo que Antonia comenta sobre a prática religiosa do casal naquela época: *"Não éramos contra a fé.*

Simplesmente nos acostumamos a viver sem ela. Éramos como muitas pessoas ao nosso redor: preenchíamos o dia com diversas atividades, mas, no fundo, não sabíamos o significado." Pode-se dizer que, como muitos casais católicos, eles haviam herdado uma religião e apenas cumpriam, por convenção social, certos ritos: batismo, primeira comunhão e casamento religioso. Algo que, hoje em dia, parece estar se perdendo até mesmo entre as novas gerações vindas de famílias católicas, que já nem batizam mais seus filhos e quase nunca falam sobre Deus.

Carlo nasceu em 3 de maio de 1991, no Hospital Portland, em Londres, na Inglaterra. Mas certamente foi predestinado por Deus antes mesmo de existir, quando ainda não era nada. E Deus o amou desde aquele momento, assim como a todos nós, porque Ele nos considerava, e nos considera, únicos e irrepetíveis, assim como nossas impressões digitais. Ele nasceu em Londres por puro acaso, porque seu pai estava trabalhando lá, como eu disse, em uma instituição financeira. No entanto, viveu toda a sua vida em Milão, na Itália, exceto pelos cinco meses que passou na Inglaterra. Meses que foram importantes em sua história e que o marcaram nesse início ainda tímido de caminhada, quando ele ainda não enxergava claramente a luz.

E digo que esses meses foram importantes porque foi lá que ele foi batizado, na igreja de *Our Lady of Dolours* (Nossa Senhora das Dores), localizada no bairro de

Chelsea, em 18 de maio de 1991. Mais tarde, Antonia descobriria a conexão entre essa igreja e a que ela costumava frequentar em Roma. Os avós estiveram presentes na cerimônia. Deram-lhe o nome de Carlo (Carlos) justamente por causa do avô paterno, Carlo Acutis, que foi seu padrinho. A avó materna, Luana, foi a madrinha. Conto isso porque existem outras versões que tentaram associar o nome dele ao de São Carlos Borromeu, um importante arcebispo de Milão do século XVI. Curiosa essa tendência de querer encontrar mais santidade do que a necessária na vida de um santo, como se fosse preciso sobrecarregá-lo de conexões divinas, quando o mais simples e verdadeiro seria dizer que Deus escolheu Carlo como pode escolher a mim, a você, a qualquer um de nós. Não foi à toa que Jesus disse aos seus discípulos: "*Não foram vocês que me escolheram, mas fui eu que escolhi vocês. Eu os destinei para ir e dar fruto, e para que o fruto de vocês permaneça*" (João 15,16).

Carlo, de fato, daria fruto, e fruto em abundância. Primeiro, reconduzindo ou fazendo com que seus próprios pais retornassem à fé. Algo milagroso para uma criança, quando a lógica esperada seria justamente o contrário: que ele aprendesse com os pais, sobretudo com a mãe, que costuma estar mais próxima do filho nos primeiros anos de vida e, na maioria das vezes, é quem lhe ensina a falar e a acreditar. Não é à toa que é usado o termo "língua materna" para se referir ao idioma que se aprende desde o berço. Além disso, as crianças quase sempre são vistas como inferiores aos adultos, como se ainda não estivessem prontas para assuntos tão profundos e, menos ainda, os adolescentes, como se lhes faltasse tudo. Mas, por algum motivo que desafia essa lógica tão racional, o próprio Jesus disse aos seus discípulos: "*Eu lhes garanto: se vocês não se converterem e não se tornarem como crianças, vocês nunca entrarão no Reino do Céu*" (Mateus 18,3).

Mas voltando à importância do batismo, ele é importante para todos nós, e também foi importante para Carlo. Foi sua entrada no caminho da fé. Como se, depois das portas da vida que se abriram quando Antonia o deu à luz, após dezoito horas de trabalho de parto, agora se abrissem as portas da fé por meio de um ato, de um sacramento que apagou toda culpa original e que, mais tarde, permitiria-lhe receber outros sacramentos, como a Primeira Comunhão (em 1998) e a Crisma (em 2003). Não por acaso, São João Paulo II dizia que "o batismo é o momento mais importante de nossas vidas". Hoje em dia, muitos pais não se dão conta da importância de batizar seus filhos ainda pequenos e dizem preferir que eles tomem essa decisão quando forem adultos. E não digo isso por aquela antiga doutrina de que, se as crianças morressem sem serem batizadas, iriam para o "limbo". Isso já foi superado por documentos mais recentes da Igreja, como aquele de 2007, aprovado por Bento XVI, que fala da misericórdia de Deus e afirma que Ele salva essas crianças, de qualquer forma. Digo isso, antes de tudo, porque creio, assim como Carlo, na graça santificante do sacramento. Algo que não provém da água nem do óleo, mas do ingresso no povo de Deus, infundido pelo Espírito Santo, que transforma a pessoa em filho de Deus e em membro da Igreja peregrina.

O despertar da fé

Em 8 de setembro de 1991, a família retornou a Milão, pois o pai de Carlo começou a trabalhar na seguradora da família. Foram morar em um elegante apartamento no bairro de Magenta, na via Ariosto. Antonia não falava sobre Deus com Carlo, nem o levava à igreja, tampouco o ensinava a rezar. Mas tudo mudou em um verão, quando aquele menino de olhos escuros e, a princípio, de cabelos castanho-claros, viajou com os avós maternos, Antonio e Luana, para a casa que eles tinham em Centola. Nessa época, Carlo já falava. Segundo sua mãe, ele começou a pronunciar várias palavras aos cinco meses de idade. Foi então que sua avó contratou uma jovem polonesa para ser sua babá. Inexplicavelmente, o nome dela era Beata. Sim, pode acreditar. E confesso que foi difícil rastrear suas informações e descobrir seu sobrenome. Foi uma das minhas descobertas para este livro, por causa da importância que ela teve no despertar da fé na vida de Carlo. A própria Antonia já afirmou diversas vezes: "Foi uma graça tê-la em casa. Ela falava de Jesus como se o conhecesse pessoalmente. Eu não era praticante, e Carlo recebeu dela seu primeiro alimento espiritual."

Graças a Deus – e ao próprio Carlo, que, como disse

no início, parece estar aqui ao meu lado, ajudando-me –, consegui encontrar uma entrevista que ela concedeu a uma revista polonesa. O nome dela é Beata Anna Sperczyńska e, ao que tudo indica, hoje trabalha em uma empresa internacional de publicidade. Beata é muito discreta, por isso é tão difícil encontrá-la, seja pela internet, seja com a ajuda da inteligência artificial. Mas Carlo, mestre da informática, foi me mostrando o caminho, fio por fio, para que eu pudesse puxar a história e chegar até ela. A revista se chama *Niedziela* (que significa "Domingo"). Essa jovem polonesa, devota de São João Paulo II e de Santa Faustina Kowalska – com quem, aliás, há várias fotos suas ao lado de Carlo circulando pela rede – é, sem dúvida, quem melhor pode nos contar sobre sua relação com ele. Estimo que ela tenha começado a cuidar de Carlo quando ele tinha menos de dois anos, já que, se o avô Antonio faleceu quando Carlo tinha três, não teriam mais viajado juntos depois disso. É uma simples dedução cronológica. Mas vamos ao que realmente importa, não ao relato de como foi feita esta investigação, mas, sim, a tudo o que diz respeito a Carlo. Vamos ler, então, um pouco do que Beata tem a nos contar sobre ele:

Conheci Carlo em Centola, um pequeno vilarejo no sul da Itália, perto de Palinuro. Carlo estava de férias com os avós maternos. Eu também estava de férias e em busca de um trabalho temporário. Os avós já haviam entrevistado duas jovens polonesas; eu fui a terceira.

Com Carlo, foi amor à primeira vista. Dormíamos no mesmo quarto e, depois daquela primeira manhã, soube que ficaria com a vaga. Nos comunicávamos sem palavras, imitando sons de animais, o que nos aproximou de forma natural. Acho que foi ele quem me escolheu, não os avós. Aquela manhã, cheia de calor e luz, ficou gravada para sempre na minha memória.

Fui babá de Carlo. Procurei participar ativamente da sua educação, com ternura e atenção. Desde pequeno, ensinei-o a viver perto de Jesus. Para ele, essa relação era natural, quase como uma amizade de longa data. Para mim também: cresci em um vilarejo católico, onde a missa no domingo era o ponto alto da semana. Na minha infância, a igreja era praticamente a única fonte de cultura no povoado. Carlo nunca passava indiferente diante de uma igreja. Ele parava, olhava, fazia um gesto de saudação, como se estivesse entrando na casa de alguém querido. Ainda que por um instante, ele se sentia bem ali... Carlo era uma criança alegre. Durante muito tempo, foi o único neto da família... Sua vida era cheia de felicidade... destacava-se pela paciência: sabia esperar e aceitar com humildade o que o dia lhe trazia... Sempre me impressionou sua capacidade de fazer perguntas cheias de sentido... Era muito atento e sensível ao que se escondia por trás das aparências.

E Beata conta muitas outras coisas, mas não quero aborrecê-la com tantas perguntas. Só acrescento que, quando Carlo completou três anos e outros meninos vieram à sua casa para comemorar, alguns riram de Beata por ela usar um terço pendurado no pescoço. Ela tentou escondê-lo sob a roupa, mas Carlo lhe disse: "Bea, não esconda. É o colar mais bonito do mundo!" Por fim, vale dizer que Beata encerrou aquela entrevista com a seguinte frase: "Para mim, sua canonização é um sinal de que a santidade é possível aqui e agora."

Foi a partir daquele despertar da fé, guiado pela babá polonesa, que Carlo começou a pedir à mãe que o levasse às igrejas para cumprimentar Jesus e Maria. Foi também quando começaram as perguntas que impulsionaram Antonia a revisitar o catecismo e até a estudar um pouco de teologia. Assim, ela poderia responder às dúvidas de um menino tão inteligente e perspicaz, que já aos quatro anos havia começado a escrever um pouco. Antonia buscou, então, a orientação de um sacerdote renomado de Bolonha, que muitos comparavam ao padre Pio de Pietrelcina, o padre Ilio Carrai, a quem ela visitava uma vez por mês. Foi ele quem a orientou sobre como lidar com Carlo e o que ela deveria aprofundar na fé. Enquanto isso, Beata contava a Carlo a história de algum santo, e foi assim que ele conheceu São Francisco de Assis, que se tornaria um dos seus santos preferidos e cujo vínculo seria tão forte que, hoje, o corpo de Carlo repousa justamente no chamado "Santuário do Despojamento", o lugar onde São Francisco tirou suas vestes diante do pai e de todo o povo de Assis.

Perdão, não quero me alongar demais, e sei que hoje em dia somos escravos do tempo, queremos que tudo aconteça rápido. Ler rápido, entender rápido, pensar rápido, para logo passar a outra coisa, a outro assunto. Vou tentar, então, seguir um pouco mais depressa. Imagine Carlo, de mãos dadas com Beata, entrando em uma igreja, possivelmente aquela que ficava bem perto de onde moravam, refiro-me à Santa Maria Segreta, e ela lhe explicando: "Este é Jesus, o Filho de Deus, e esta é Maria, sua Mãe." "E por que mataram Ele?", perguntaria Carlo. E Beata responderia que Jesus foi crucificado injustamente, e que aquela ferida na lateral do corpo foi feita quando o traspassaram com uma lança. Maria estava aos pés da cruz, certamente chorando. "E este santo aqui é fulano, e aquele ali é beltrano... Está vendo aquela portinha ali? Nesse pequeno tabernáculo, ou casinha, está o corpo de Jesus. Se a porta se abrir, verá um cibório, e dentro dele, o corpo de Cristo, ou seja, a hóstia, que você vê que eu recebo na missa quando comungo."

E, com o passar dos meses, começou a arder no coração do menino uma grande curiosidade sobre aquele tesouro escondido. Ao mesmo tempo, Beata lhe ensinava uma oração ao anjo da guarda, em italiano e em polonês, e mostrava a ele, pela primeira vez, um terço. Quando perguntam a Antonia sobre sua influência no início da fé de Carlo, ela sempre responde: "Não fui eu. Foi ela. Foi a Beata." Ela conta que a babá falava muito sobre Carlo, dizia que ele era uma criança muito precoce, que fazia perguntas próprias de um adulto; que era extremamente curioso e que, quando ia com ela à missa, ficava muito triste por não poder comungar.

Primeiros passos

Em 1995, Carlo começou a frequentar o jardim de infância na escola municipal do parque Pagani, próximo ao centro de Milão. Ao final do ano, dizem que ele já sabia escrever muito bem. Seu avô Antonio havia falecido, o que foi muito difícil para ele, pois guardava muitas lembranças daquele verão que passaram em Centola, indo e voltando das belas praias de Palinuro, à beira do mar Tirreno. Foi nessa época que conheceu Beata e lhe mostrou o cordeirinho branco de pelúcia que sua mãe havia comprado quando ele ainda era bebê, na loja Harrods, em Londres. Com o tempo, Carlo começaria a associar o cordeiro a Cristo. E, falando sobre a morte do avô materno, Antonia conta que, dois meses depois, Carlo sonhou com ele e que, no sonho, o avô lhe pedia que rezasse muito por ele, pois estava sofrendo no Purgatório. Quando Carlo lhe contou sobre o sonho, algo fez *clic* dentro de Antonia, como se tivesse virado uma chave em sua vida. Aquele sonho com o padrasto pedindo ajuda mexeu profundamente com ela. A partir de então, começou aos poucos a retornar à prática religiosa ou, talvez, tenha sido o próprio Deus quem lhe concedeu a graça de voltar. O mais provável é que tenha sido uma combinação das duas coisas: a graça de

Deus e a vontade de Antonia. Estarmos abertos e atentos ao momento em que o Senhor passa e bate à nossa porta. Abri-la. Deixá-lo entrar. Escutá-lo. Meditar em Suas palavras e sair para agir de acordo com elas.

Carlo frequentou essa escola durante dois anos e, em seguida, começou o primário em setembro de 1997, no Instituto San Carlo, mas três meses depois foi transferido, por motivos de estudo e proximidade de casa, para o Instituto Tommaseo, das Irmãs Marcelinas, onde cursou o primário e o secundário durante oito anos, até ingressar no liceu León XIII. Acho que é importante lembrar que, nos países onde o ensino é dividido em primário, secundário e liceu, o aluno ingressa neste último por volta dos catorze anos.

A Congregação das Marcelinas deve seu nome a Santa Marcelina, irmã dos santos Ambrósio e Sátiro, que viveram em Milão no século IV. Órfãos ainda jovens, foram criados por Marcelina, que os educou na fé cristã e mais tarde levou uma vida consagrada a Cristo e às obras de caridade voltadas aos mais necessitados. A congregação teve origem em 1838, fundada pelo padre (hoje beato) Luís Biraghi, justamente em Milão. As Marcelinas são religiosas educadoras de vida consagrada. Sim, eu sei, você quer que eu me apresse e não me estenda demais nesse ponto. Mas talvez veja que, de algum modo, elas exerceram alguma influência na vida e no carisma de Carlo. Tenha um pouco de paciência comigo. Aposto que, se Carlo está aqui ao meu lado, deve estar sorrindo da nossa conversa, entre um narrador que se demora e um leitor cansado de esperar. O fato é que, mesmo abrindo-se às exigências dos novos tempos pós-napoleônicos, a Regra escrita da Congregação das Marcelinas continha uma forte orientação ascético-religiosa, exigindo das irmãs um total desapego do próprio eu, de suas inclinações e gostos. Pergunto-me se isso não teria alguma relação com o lema de Carlo: *"Não eu, só Deus."* Entre as virtudes promovidas pela Regra, a primeira era a humildade – traço também marcante na personalidade de Carlo. Pois bem, não digo que a educação ali tenha moldado Carlo por completo, mas, sim, que influenciou, de alguma forma, seu desapego e sua humildade. Não sei o que Antonia diria a esse respeito, mas quem observa a história de fora pode perceber isso com clareza. Uma influência semelhante à que teve o próprio Santo Ambrósio, irmão de Marcelina, no rito litúrgico que, desde então, seria adotado na cidade de Milão e em seus arredores.

Algum tempo após a morte de Carlo, Antonia encontraria alguns de seus escritos sobre a humildade, nos quais, por exemplo, ele dizia: "Jesus quis colocar a humildade como fundamento da ascese cristã. A humildade, que também é a base de outra virtude que Ele tanto pregou: a caridade. A humildade é a virtude humana que nos permite viver em sociedade, que nos aproxima, que nos transforma... É reconhecer em Deus tudo o que somos. É reconhecer em Deus todo o bem que temos." E, falando sobre o desapego, Carlo escreveu: "A conversão não é um processo de soma, mas de subtração: menos de mim, para dar espaço a Deus." "O anti-eu é o outro aspecto do eu, ou melhor, de mim mesmo." Mas não quero pular etapas na vida de Carlo, porque esses pensamentos foram escritos já em sua adolescência. Vamos voltar à sua infância.

Beata trabalhou na casa dos Acutis por cerca de quatro anos, a partir de 1992. A chegada de Rajesh Mohur, em dezembro de 1995, pode ter marcado o fim do período de Beata na família e seu retorno à Polônia. Mas antes de falarmos sobre Rajesh, a quem Carlo aproximaria da fé católica, assim como Beata havia feito com ele, deixe-me dizer que, naquela época, os pais de Carlo já começavam a retomar uma prática religiosa mais intensa, impulsionados pelo único filho, que já falava com entusiasmo sobre o desejo de fazer a Primeira Comunhão, algo que, naquela época, ainda não era possível.

Agora era Antonia quem entrava na igreja de Santa Maria Segreta, segurando a mão de Carlo, e era Carlo quem a conduzia até perto do altar, para se ajoelharem e olharem juntos para o sacrário onde estava guardado o corpo de Jesus. O corpo de Jesus? Você pode estar se perguntando... ou talvez fosse Antonia quem se fizesse essa pergunta. Porque é difícil acreditar nesse mistério, não é? Mas deixemos isso para mais adiante. Voltemos, agora, a algo mais concreto: à história de Rajesh Mohur na casa dos Acutis.

Rajesh era um indiano originário das ilhas Maurício localizada no Oceano Índico. Sua família, assim como a maioria dos habitantes da ilha, seguia a religião hindu. Eles pertenciam à casta sacerdotal brâmane, a mais alta na hierarquia social da Índia, o extremo oposto dos chamados "intocáveis" (*dalits*), que ocupam a base dessa estrutura. Seu pai era um sacerdote hindu que lhe ensinava orações e escrituras sagradas, inclusive em sânscrito. Aos 16 anos, Rajesh foi enviado para estudar na Índia, especificamente em Gujarat, cidade natal do Mahatma Gandhi. Naquele período, segundo contou em uma entrevista: "Eu buscava um Deus vivo, mas sempre me deparava com algo que não conseguia cumprir." Após se formar em Física, voltou à ilha Maurício, pois seu pai havia falecido. Por algum motivo que desconheço, as coisas não deram certo profissionalmente por lá, e ele acabou emigrando para a Itália, mais precisamente para Milão, onde conseguiu trabalho na casa da família Acutis, cuidando de Carlo, que já estava com quase cinco anos e cujos cabelos haviam escurecido e se tornado cacheados.

Mais uma vez você me apressa, como se os personagens secundários dessa história não importassem, como se quisesse ir direto ao ponto, ao cerne da vida desse jovem que, depois de sua morte, intercede por graças e milagres. É só isso o que te interessa? Ou prefere acompanhar como sua santidade foi sendo forjada, passo a passo? Porque as virtudes, para se tornarem heroicas, precisam ser cultivadas, exercitadas, como Carlo fez. Por exemplo, com aquele hábito de falar demais durante as aulas e levar broncas por isso, até aprender a se controlar. Ou com o esforço contra a gula e o desejo de comer chocolate e Nutella, tentações constantes que ele foi vencendo aos poucos, assim como, aos poucos, também foi transformando Rajesh.

Ao conhecer Carlo, Rajesh disse que ficou fascinado. No segundo dia, Carlo lhe ofereceu um chiclete e ali foi selada uma amizade fraterna entre o menino e ele, como já havia acontecido antes com Beata. Assistiam à televisão juntos e, pouco tempo depois, Carlo já falava com ele sobre Jesus e Maria, sobre o terço que tinha ganhado, sobre as igrejas e sobre aquela "casinha" onde era guardado o corpo do Filho de Deus. Claro que Carlo ainda não entendia que Rajesh, por causa de sua religião, era politeísta e que os hindus adoravam divindades como Ganesha (o deus com cabeça de elefante), Hanuman (o deus macaco), Kali (a deusa dos quatro braços) e muitos outros. Dependendo da vertente do hinduísmo à qual pertencessem, tinham um culto especial a Shiva ou a Vishnu. E Vishnu, por sua vez, possuía dois avatares principais: Krishna e Rama.

Quando Rajesh acompanhava Carlo à igreja de Santa Maria Segreta, situada em frente à praça Tommaseo, eles contemplavam juntos a famosa "pala" do século XV, do pintor Pietro Buono ou Befulco, exposta em uma sala ao lado da sacristia. Era um ícone de madeira com uma pintura esplêndida, que mostrava a Virgem Maria sendo coroada simultaneamente pelo Pai, pelo Filho e pelo Espírito Santo, este último representado na forma de uma pomba. E Rajesh, ao ver aquilo, poderia pensar que os católicos, no fundo, também eram politeístas, com tantas imagens espalhadas pela igreja e aquela pomba sobre a cabeça de Maria, que não deixava de ser um animal, como o elefante, a cobra ou o macaco que representavam suas divindades. Isso duraria até que Antonia, com o tempo, explicasse a ele o mistério da Trindade: um só Deus em três Pessoas distintas – Pai, Filho e Espírito Santo –, todas da mesma natureza divina. "E por que Maria está no meio deles?", perguntaria Rajesh – ou talvez fosse a própria Antonia a se fazer essa pergunta. Maria estava no centro porque era filha de Deus, mãe de Deus e esposa do Espírito Santo.

A comunhão

– *Mamma, voglio fare la comunione* ("Mamãe, quero comungar") – era o que Carlo repetiu tantas vezes à sua mãe enquanto assistiam à missa na igreja e ele via as pessoas aproximando-se para receber a Eucaristia. E eu posso dizer isso com propriedade, porque sou ministro da Eucaristia e vejo com frequência mães que se aproximam para comungar com seus filhos ao lado, sorrindo ao observar a hóstia, desejando-a. Há uma espécie de curiosidade natural: ver os adultos comendo algo que lhes é proibido. Sim, esse era o maior desejo de Carlo naquele tempo, quando a Igreja aconselhava que a Primeira Comunhão ocorresse somente após os nove anos de idade, e os colégios religiosos seguiam essa orientação em sua programação. Mas, no caso de Carlo, havia certamente algo além da simples curiosidade. Sua insistência parecia brotar dos próprios sonhos, aquele gesto de abrir a boca, esperando que aquele pedacinho de pão redondo, chamado hóstia, repousasse sobre sua língua, para depois mastigá-lo, úmido de saliva, sentindo a quebra de sua delicadeza... Talvez esperando que sangrasse. Talvez desejando que se transformasse na própria carne de seu amado Jesus Cristo.

Como Carlo gostava daquelas missas em sua paróquia de

Santa Maria Segreta, com o rito ambrosiano, aquele estilo litúrgico que começava com a procissão antes da missa, o órgão tocando com força, entoando cânticos quase pré-gregorianos, e o turíbulo girando no ar, espalhando o aroma tão particular do incenso, que preenchia a nave com um mistério quase palpável. Tudo tinha um toque mais oriental do que romano, enquanto o *Kyrie Eleison* soava, e os fiéis respondiam em uníssono: *Kyrie Eleison* (Senhor, tende piedade). Tende piedade do mundo e de nós, seres humanos, mesmo quando deixamos de lado as crianças. Como Carlo, naquele tempo um simples menino, com um desejo ardente de provar aquele alimento sagrado e misterioso.

"Quem come a minha carne e bebe o meu sangue tem a vida eterna, e eu o ressuscitarei no último dia. Porque a minha carne é verdadeira comida e o meu sangue é verdadeira bebida. Quem come a minha carne e bebe o meu sangue vive em mim e eu vivo nele" (João 6,54-56). Palavras de Jesus a seus discípulos, que Carlo talvez tenha escutado durante a homilia de alguma missa, mas que ainda não compreenderia por completo. Ele observava o sacerdote atentamente, primeiro no momento da chamada *epiclese*, a invocação do Espírito Santo, quando se pede a Deus que os dons oferecidos (pão e vinho) sejam consagrados e se tornem o Corpo e o Sangue de Cristo; e, depois, na própria consagração, quando o sacerdote eleva esses dons e ocorre a transubstanciação das espécies.

Não entendeu? Não entendeu o que é epiclese, nem

transubstanciação? É que, de fato, são duas palavras complicadas até mesmo no nosso próprio idioma, ainda mais quando falamos do campo espiritual. Trata-se de um mistério. Porque, racionalmente, é difícil acreditar que há uma mudança de substância sem que essa transformação seja visível. A hóstia continua parecendo hóstia. O vinho continua parecendo vinho. É como se alguém nos dissesse: "pão, pão; vinho, vinho". E talvez seja por isso, por saber que as pessoas dificilmente compreenderiam o que realmente acontecia, que Carlo, aos onze anos, decidiu se dedicar à pesquisa dos chamados "Milagres Eucarísticos", nos quais a substância, sim, transforma-se em carne e sangue visíveis.

Mas voltando à igreja principal que frequentavam, e a Carlo, atento a tudo o que acontecia, ele escutava o celebrante dizer: "Tomai e comei, isto é o meu corpo." "Tomai e bebei, este é o cálice do meu sangue." Palavras da consagração que alimentavam o seu desejo fervoroso e que ele repetia sempre à mãe: "Quero comungar. Quero que Jesus entre pela minha boca e encontre meu corpo. Quero receber Jesus, mas também quero que Ele me receba por inteiro." Você me pergunta: como assim? Pois esse era o pensamento de alguns místicos e Padres da Igreja, como Santo Agostinho. Deixar-nos ser "tomados" por Cristo, para nos tornarmos um com Ele, e Ele um conosco. Algo que também enfatizava o Papa Bento XVI, ao dizer: "Quem comunga se transforma naquele que recebe."

Depois de tanta insistência, Carlo finalmente fez sua

Primeira Comunhão em 16 de junho de 1998, aos sete anos de idade. Recebeu-a de forma antecipada, com uma autorização especial concedida pelo diretor espiritual de sua mãe, o padre Ilio Carrai, que levou o pedido ao arcebispo de Milão, Pasquale Macchi. A cerimônia foi celebrada no mosteiro das monjas eremitas ambrosianas, no convento de San Ambrosio ad Nemus, localizado em Bernaga di Perego, na região do lago Lecco, ao norte de Milão. Escolheram esse lugar por recomendação de monsenhor Macchi, por se tratar de um espaço místico e espiritual, como costumam ser os conventos. Pouco antes de chegarem ao mosteiro, enquanto subiam a estrada, aconteceu algo que Antonia imediatamente associou ao cordeirinho de pelúcia de Carlo. Um pastor cruzou a estrada carregando um cordeirinho muito branco, que logo despertou um sorriso no rosto de Carlo e o encheu de alegria, como se fosse um sinal enviado diretamente do céu.

Segundo Antonia, desde então, Carlo comungou todos os dias de sua vida, salvo raríssimas exceções. Assim, continuou trilhando sua "estrada espiritual rumo ao céu". E não apenas comungava diariamente: quando ia à missa, antes ou depois, costumava ficar um tempo em adoração eucarística, e em casa rezava o terço todos os dias. A própria Antonia viu sua vida ser transformada ao voltar a comungar: "Na Eucaristia está a presença real de Jesus. Antes, como os protestantes, eu via apenas símbolos. Foi a grande descoberta da minha vida."

Com o passar dos anos, Carlo falaria de forma extraordinária sobre a comunhão. Entre outras coisas, escreveu: *A Eucaristia é, para mim, muito mais do que um sacramento; é o alimento da alma, a fonte inesgotável de amor e esperança. Em cada missa, quando o pão e o vinho se transformam no Corpo e no Sangue de Jesus Cristo, sinto uma alegria tão profunda que não dá para descrever com palavras. É um mistério que me sustenta nas provas do dia a dia, que me enche de força para ser melhor diariamente. Quando comungo, não recebo apenas Jesus; sinto que Ele habita em mim, que me acompanha em cada passo, que ilumina as decisões que devo tomar. Por isso, para mim, a Eucaristia é uma estrada para o céu, um caminho que nunca quero abandonar.*

O que imagino daquele momento? Bem, eu não estava lá, nem vi fotos ou filmagens, mas imagino Carlo vestido a rigor para aquela ocasião solene, e seus pais assistindo, emocionados. É possível até que algumas lágrimas tenham escapado do rosto normalmente sério de Andrea – o executivo das seguradoras, o economista –, e também dos olhos de Antonia, a mãe que, quando Carlo nasceu, mal acreditava, mas que foi reencontrando a fé que as irmãs religiosas haviam plantado nela, ainda em Roma. Ela mesma diria depois: "Carlo me mostrou como viver meu tempo com os olhos voltados para a eternidade. Ele me ensinou a olhar sempre para o céu, para o absoluto, e a não me curvar diante do que é passageiro, do que é relativo." É que contemplar aquele menino, com desejos tão profundos, ainda que fosse um garoto normal na escola, com amigos e brincadeiras, fazia pensar que, espiritualmente, ele não era assim tão comum. Tanto amor por Jesus. Tanta vontade de tomá-lo, recebê-lo, e de se deixar ser tomado por Ele. Tanta segurança diante do mistério. Anos depois, Carlo também escreveria: *Esse mistério me fascina, porque, embora minha mente humana não possa compreendê-lo por completo, meu coração sabe que ali está o maior amor que existe. Em um mundo que frequentemente busca respostas em coisas passageiras, a Eucaristia é um farol eterno que nunca se apaga. Viver sem ela seria caminhar nas trevas, pois só em Jesus encontro a paz e a alegria que o mundo não pode dar... Me pergunto muitas vezes como é possível que tantos jovens hoje não valorizem esse presente imenso. A sociedade parece oferecer tantas distrações, tantos falsos ídolos que afastam do amor verdadeiro. Mas eu quero dizer a vocês que existe um tesouro escondido, um encontro vivo com Jesus, e que esse encontro pode mudar a vida para sempre. Basta abrir o coração com humildade e confiança.*

Outro fato importante daquele dia foi o laço que se criou entre Carlo e as irmãs daquele convento, vínculo que perduraria para sempre. Anos mais tarde, após a morte de Carlo, a madre superiora daria um testemunho comovente: "Guardo muito vivo em mim o seu rosto, como também o conserva toda a comunidade monástica, revivido pela sua repentina subida ao céu. Naquele 16 de junho de 1998, terça-feira, logo após a solenidade de *Corpus Domini*, dia em que Carlo recebeu sua Primeira Comunhão... Durante a Santa Missa, permaneceu sereno e tranquilo, mas começou a demonstrar sinais de impaciência à medida que se aproximava o momento de comungar. Com Jesus no coração, depois de apoiar a cabeça entre as mãos por alguns instantes em uma atitude de recolhimento sereno, começou a se mover como se já não conseguisse ficar parado. Parecia que algo havia acontecido dentro dele, algo que só ele conhecia, algo grande demais para conter..."

Adorando a Deus

Segundo o testemunho de algumas religiosas Marcelinas que conheceram Carlo durante seus anos no primário ele era um menino normal, bom, atencioso, reflexivo, que não demonstrava ser especialmente religioso, mesmo tendo feito a Primeira Comunhão mais cedo do que os colegas. Mas já se destacava por sua modéstia e seu espírito de companheirismo. "Era muito amigo de todos... nunca discutia, era diligente e obediente... escondia sua condição social, enquanto a maioria das crianças já se vangloriava da riqueza de suas famílias", diria aquela que foi sua diretora. "Era muito generoso", apontaria a professora de religião. "Gostava de brincar e fazer piadas", comentaria a religiosa que cuidava das crianças depois do almoço. "Não sabíamos do mistério de Carlo... certamente ele manifestava isso mais em casa, com os pais", diria outra irmã. Em resumo, a santidade de Carlo foi sendo descoberta aos poucos, com o passar do tempo, principalmente depois de sua morte.

Mas quem de fato foi tomando consciência do quanto era especial aquele menino, além dos próprios pais, foi Rajesh Mohur, o funcionário da casa. Isso porque Rajesh costumava acompanhar Carlo todos os dias à igreja, depois da sua Primeira Comunhão. Eles tentavam chegar um pouco antes da missa ou permaneciam após o término, pois Carlo queria adorar o Santíssimo Sacramento. Ou seja, reservava um momento de adoração à hóstia consagrada, em tamanho bem maior do que a da comunhão, que é colocada dentro de uma custódia sobre o altar, com duas velas acesas ao lado. Carlo sempre procurava se sentar o mais próximo possível do altar, e Rajesh observava como o comportamento do menino mudava diante daquele pequeno "solzinho" iluminado, do qual partiam raios de metal dourado. "O que era aquilo?", perguntava-se o hindu, filho de um sacerdote brâmane, que venerava Vishnu, conhecia o sânscrito, mas buscava um Deus vivo. Porque uma coisa era o incenso, as flores e os sinos, elementos também presentes nos templos da Índia, que podia ver, cheirar e escutar. Mas outra coisa completamente diferente era aquilo que os cristãos chamavam de Eucaristia.

Imagino Carlo sentado, em silêncio, contemplando Jesus sacramentado. Olhando para Ele e deixando-se ser olhado. Você nunca tentou? Por quê? Ninguém nunca te propôs isso, ou parece algo sem sentido, até mesmo profano? Talvez, por se apresentar como algo sagrado, você o veja como uma espécie de idolatria a um objeto. Ou como superstição. Ou ainda como um engodo habilidosamente construído, feito para fisgar pessoas pouco racionais com algo que parece sobrenatural e, de certo modo, milagroso. Pois bem, eu peço que não pense mais nisso e apenas se deixe levar pelas palavras de Carlo, que foram amadurecendo com o passar dos anos diante do Santíssimo.

Sentado diante do Santíssimo, ele diz: *Ele me olha, e eu O olho. Esse olhar é enriquecedor. Deixo que o Senhor me observe, que penetre profundamente no meu ser, que dê forma à minha alma, que a molde... Ele está realmente presente; não é uma invenção. Ele está ali. Se todos tivessem consciência disso, ah, como correriam! Se todos acreditassem nessa verdade, como suas vidas mudariam, como tudo melhoraria... Diante do sol, a gente se bronzeia; mas diante de Jesus Eucarístico, a gente se santifica... Quando um fino raio de luz entra em um cômodo pouco iluminado, o pó no ar logo se torna visível. O mesmo acontece com a nossa alma. Ao fazer Adoração Eucarística, somos impactados pela luz que irradia da Eucaristia e assim podemos ver toda aquela poeira que contamina a nossa alma e nos impede de avançar no caminho da santidade... E nos unimos à Igreja triunfante, àquela que está no Paraíso, e que naquele momento está reunida e prostrada diante do Cordeiro de Deus, implorando graças e bênçãos para toda a Igreja... Por meio da Adoração Eucarística, que nada mais é do que adorar a Deus, redescobrimos toda a Criação... A frequência diante do Santíssimo faz com que a gente se torne santo...*

Às vezes, Rajesh o deixava ali sozinho e ia se sentar nos

fundos da igreja para contemplá-lo, escutando o magnífico órgão de Santa Maria Segreta. Como era bela aquela música! Ela saía do órgão Tamburini, inaugurado em 1986, com três teclados de cerca de 48 notas cada um e uma pedaleira de 32. Se alguém tentasse contar quantos tubos e canos tinha, certamente se perderia; alguns paroquianos dizem que são cerca de 3.000. Eu não saberia dizer, porque não estava lá e tampouco posso saber o que se passava no interior de Rajesh... embora ele mesmo tenha dito, certa vez: "Quando vi o comportamento dele, algo tocou meu coração." É que Carlo compartilhava com ele seu amor pelo céu, pela missa e pela Eucaristia, com uma doçura que cativava Mohur. Estava sempre falando sobre como Jesus sacrificou a vida por nós, explicando, segundo palavras do próprio Rajesh, "que eu sempre poderia encontrar Jesus presente em carne, alma e sangue no Santíssimo..." "Carlo dizia que o amanhã seria mais feliz se eu me aproximasse de Jesus, e com frequência me ensinava a usar a Bíblia, o Catecismo da Igreja Católica e as histórias dos santos... Ele sabia quase todo o Catecismo de cor e o explicava de um jeito tão brilhante que conseguia me entusiasmar com a importância dos sacramentos. Tinha muito talento para ensinar conceitos teológicos que nem mesmo os adultos conseguiam explicar."

E quando o Santíssimo Sacramento não estava exposto, Carlo apenas se sentava diante do Sacrário, aquele pequeno tabernáculo, ou "casinha", onde são guardadas as hóstias consagradas. Em silêncio, deixava seus pensamentos fluírem, pensamentos que, anos mais tarde, ele escreveria e proclamaria: "Do Santíssimo Sacramento presente no Sacrário irradia-se esse amor curador que só Deus pode realizar... Se Jesus permanece sempre conosco onde quer que haja uma hóstia consagrada, que necessidade há de fazer uma peregrinação a Jerusalém para visitar os lugares onde Ele viveu há mais de 2.000 anos? Também os Sacrários devem ser visitados com a mesma devoção!" "O Sacrário é sinônimo de berço da graça..." "No Sacrário, Jesus está presente em atitude de adoração ao Pai e deseja juntar todos os homens a essa adoração. Jesus quer nos ensinar também a adorar o Pai."

Rajesh conta que: "todas essas experiências mudaram minha vida. Finalmente pude conhecer um Deus vivo." Foi por essa razão que, em 1999, quatro anos depois de conhecer Carlo, Rajesh Mohur foi batizado e recebeu todos os sacramentos na igreja de Santa Maria Segreta. "Fui batizado cristão porque ele se comunicava comigo e me cativou com sua fé, sua caridade e sua pureza, algo que sempre considerei fora do comum, porque um garoto tão jovem, tão bonito e tão rico normalmente preferiria levar uma vida completamente diferente", diria Rajesh. Toda a família esteve presente, e depois da cerimônia, comemoraram com um almoço especial. Sim, mesmo que na escola ainda não soubessem, havia algo de especial naquele menino. Era a santidade que crescia dentro dele, como uma pequena semente de mostarda, como uma brasa que daria lugar ao fogo. Seu diálogo com Deus era contínuo. Vivia uma intimidade muito profunda com Jesus – ainda que poucos soubessem –, mas estava plenamente convencido de que essa relação era possível para todos. "É preciso ter fé de que esse diálogo é possível e real", dizia Carlo. E falava isso sempre com um sorriso largo, transmitindo a alegria que vinha de dentro. "Essa beleza interior era fruto do tempo que Carlo passava junto a Jesus no Sacrário", diria sua mãe.

Um menino normal

Enquanto tudo isso acontecia no interior de Carlo e no seio da família, como já havia mencionado a diretora da escola, para o restante das pessoas ele continuava sendo apenas um garoto comum, que vivia andando na bicicleta que havia ganhado e que logo aprendeu a usar. Primeiro, dando voltas na praça Nicolò Tommaseo, uma das mais belas de Milão, perto de sua casa, sob o olhar atento de Rajesh. Depois, como contaria o hindu, pedalando pelas quadras vizinhas e cumprimentando todos os porteiros do bairro, começando também a perceber que havia pessoas em situação de rua ou que pediam esmolas às portas da igreja. Aquelas primaveras floridas e o perfume que exalavam as magnólias brancas e rosadas da praça o faziam amar ainda mais a natureza e o Criador, como também acontecia quando viajavam para as montanhas de Ternengo ou Centola, ou para as praias da costa da Ligúria ou de Palinuro durante o verão. Carlo dizia que "a criação é o primeiro livro de Deus" e que "o universo é como uma grande pintura, e cada um de nós é uma cor única que Deus quer usar para compor a sua obra".

E assim como amava as paisagens que a natureza oferecia, Carlo também tinha um carinho especial pelos animais. Amava seus quatro cachorros – Chiara (em homenagem a Santa Clara de Assis), Poldo, Stellina e Briciola – e seus dois gatos: Bamby e Cleópatra. Brincava com eles sempre que podia, fosse em casa, nos parques ou nos lugares onde passavam as férias, especialmente depois que a família comprou uma casa em Assis. Carlo jogava gravetos para os cães irem buscar, ou fazia os gatos ronronarem quando eles se deitavam por perto. Ficou muito feliz ao saber que o Papa João Paulo II havia dito que, quando esses animais tão amados morrem, vão para um lugar especial.

Talvez por isso Carlo gostasse tanto do *Cântico das Criaturas*, de São Francisco de Assis, que diz em uma de suas estrofes:

"(...) Louvado sejas, meu Senhor,
Com todas as tuas criaturas,
Especialmente o Senhor Irmão Sol,
Que clareia o dia
E com sua luz nos alumia.
E ele é belo e radiante
Com grande esplendor:
De ti, Altíssimo é a imagem.
Louvado sejas, meu Senhor,
Pela irmã Lua e as Estrelas,

Que no céu formaste claras
E preciosas e belas.

Louvado sejas, meu Senhor,
Pelo irmão Vento,
Pelo ar, ou nublado
Ou sereno, e todo o tempo
Pela qual às tuas criaturas dás sustento.

Louvado sejas, meu Senhor,
Pela irmã Água,
Que é mui útil e humilde
E preciosa e casta.

Louvado sejas, meu Senhor,
Pelo irmão Fogo
Pelo qual iluminas a noite
E ele é belo e jucundo
E vigoroso e forte.

Louvado sejas, meu Senhor,
Por nossa irmã a mãe Terra
Que nos sustenta e governa,
E produz frutos diversos
E coloridas flores e ervas (...)"

Quando Carlo tinha oito anos, além da bicicleta, seus pais lhe deram de presente um PlayStation que, na época, estava na moda e que alguns de seus colegas de classe já possuíam. Andrea lhe ensinou como usar o aparelho e comprou os primeiros jogos, que logo o atraíram. Era preciso conectar o console à televisão com um cabo HDMI. Depois, aprender a manusear os controles, ou *joysticks*. Segundo Rajesh, que costumava jogar com ele – e contra ele –, Carlo entendeu rapidamente o funcionamento e começou a manusear os controles com uma velocidade impressionante, algo que mais tarde facilitaria muito o uso de seu primeiro computador. Dizem que o jogo que mais o atraía era *Pokémon*, no qual o personagem caminhava por diversas cidades, rotas e cavernas, tentando capturar outras criaturas até se tornar campeão. Mas, é claro, Carlo tinha consciência de que precisava dividir seu tempo entre todas as suas obrigações e prazeres: a escola, as tarefas, a música, o esporte, a missa, a Adoração, o terço noturno, a gravação de vídeos e os videogames. Assim, Carlo começou a limitar o tempo que passava fascinado com os videogames – inclusive com o GameCube – e passou a repreender seus amigos que ficavam o dia inteiro em frente ao PlayStation, mas diziam não ter tempo para Deus. Pouco depois, seu pai lhe deu um computador, e aí tudo seria diferente. Por quê? Porque a internet já existia, e assim como a Eucaristia foi sua estrada para o céu, com o computador e a internet,

Carlo encontraria um verdadeiro caminho para a evangelização. Uma conexão com o mundo por meio de uma rede sem limites.

Por esse motivo, suas professoras, tanto do colégio das Marcelinas quanto depois no liceu Leão XIII, diriam que Carlo não era especialmente atraído pela matemática, mas, sim, pela informática. "Era apaixonado por tudo o que envolvia computadores." Aprendeu primeiro a digitar com todos os dedos no teclado. E, depois, a navegar na internet com a ajuda de buscadores. Seus pais sabiam que a rede já continha conteúdos perigosos para um menino pré-adolescente, mas confiavam nele e acreditavam que Jesus o guiaria corretamente. Por isso, como já haviam feito com o PlayStation, os Acutis decidiram restringir o uso do computador aos fins de semana. Ainda assim, a navegação na internet exigia uma atenção especial por parte dos pais, como, aliás, continua sendo necessária até os dias de hoje.

Para Carlo, no entanto, o computador não seria um simples passatempo, mas uma extensão de seu pensamento. Um meio, uma ferramenta para alcançar outros objetivos. Gostava de navegar pela internet, mas sem se perder, sempre em busca de algo. E essa navegação virtual o fazia lembrar de um verão, quando, no barco de seu avô paterno, percorreram a costa da Ligúria e avistaram um grupo de golfinhos. Os Acutis, assim como tinham um chalé de inverno para esquiar nas montanhas próximas a

Gstaad, na Suíça, também possuíam uma lancha a motor atracada em Santa Margherita Ligure, um vilarejo costeiro próximo ao famoso Portofino, a cerca de duas horas de carro de Milão, para onde costumavam ir no verão. Gostavam de percorrer a costa, indo de porto em porto. Um dia, enquanto estavam nas proximidades de Porto Venere, um grande grupo de golfinhos se aproximou e nadou ao lado deles, saltando e emitindo sons. Uma cena de pura beleza, com jatos d'água cintilando sob o sol. "Tive a sensação de que queriam nos usar como escudo e, ao mesmo tempo, nos comunicar sua alegria. Lembro do rosto de Carlo, ele estava extasiado", contaria Antonia. Mais tarde, descobriram que Carlo havia rezado pedindo para ver golfinhos. Segundo Antonia: "Foi uma graça especial, uma delicadeza do Senhor para com ele."

É que Carlo, algum tempo antes, havia descoberto, navegando pela internet, o simbolismo dos golfinhos para os primeiros cristãos, que os viam como almas nadando rumo ao porto da salvação. Eram tantos os benefícios e conhecimentos que podia adquirir por meio da rede que Carlo dizia: "A internet é um presente. Mas, como todo dom, pode ser usado para o bem ou para o mal. Você decide se vai transformá-la em um lixão... ou em um altar." Mas a rede, por si só, não era suficiente para Carlo. Ele começou a aprender programação e a utilizar diferentes tipos de software. Chegou a tal nível de conhecimento que os amigos da escola ou do time de futebol o chamavam sempre que tinham algum problema no computador, fosse para remover vírus da máquina ou para ensiná-los a abri-la e instalar mais memória. Em poucas palavras, para Carlo, a tecnologia nunca foi uma inimiga, mas algo que ele aprendeu a usar para o bem e para a maior glória de Deus.

Maria e o terço

Mas deixemos agora o menino comum e voltemos ao menino especial; o menino de Deus, o menino tocado por Ele, procurado por Ele, desejado por Ele, convidado, chamado a se sentar ao Seu lado e a apoiar a cabeça em Seu peito, como fez São João na Última Ceia.

"Maria é a única mulher da minha vida", dizia Carlo em diversas ocasiões. Mas como ele a conheceu? Sabe-se que Beata, sua babá polonesa, quando começou a trabalhar em sua casa, trouxe consigo uma imagem da Virgem de Częstochowa, padroeira da Polônia. Ela carregava uma bolsinha cheia de estampas dessa Virgem. E, deixe-me explicar um pouco sobre essa imagem, por favor. Vale a pena. Esse ícone está no principal santuário mariano da Polônia, conhecido como a fortaleza de Jasna Góra. É uma Virgem de pele negra, com duas cicatrizes na bochecha direita, marcas deixadas por uma agressão durante uma tentativa de roubo feita por hussitas reformadores vindos da Boêmia. Isso aconteceu por volta de 1430. Eles tentaram levá-la, mas não conseguiram, e a imagem foi resgatada, permanecendo até hoje na fortaleza. Tive a sorte de visitá-la e contemplar seus magníficos mantos, confeccionados com placas de ouro, prata e pedras preciosas. E digo que, para os cristãos orientais, os ícones são muito mais do que simples imagens. Eles são considerados uma espécie de manifestação visual da teofania, uma forma de criar um vínculo tangível entre os fiéis e a divindade.

"Esta é Maria com seu filho Jesus", Beata deve ter dito. "E por que ela está ferida?", provavelmente perguntou o menino. Por causa da incompreensão do mundo. Da mesma forma que, ainda em vida com Jesus, uma espada atravessaria seu coração aos pés da cruz, como profetizou o velho Simeão.

Mas Carlo não entenderia muito bem aquela ferida, nem aquelas contas de madeira ou pedraria unidas por um fio, que Beata lhe disse que formavam um rosário e que com ele se rezava a Maria e também a Jesus. "Porque foi com ela que ele começou a rezá-lo", diria Antonia. Carlo o tocou, assim como, algum tempo depois, faria Rajesh, o funcionário hindu, e para ele o objeto pareceria semelhante ao rosário usado pelos muçulmanos na Índia. A diferença é que, no rosário católico de Carlo – que, segundo dizem, foi uma invenção de São Domingos de Gusmão –, as contas se organizam em séries de dez Ave-Marias separadas por um Pai-Nosso e um Glória, repetidas cinco vezes, representando os cinco Mistérios. Há também quatro contas adicionais para orações como o Ato de Contrição (*Pésame*), o Credo, a Salve-Rainha, entre outras, e tudo termina em um pequeno crucifixo.

Já o rosário muçulmano, em sua versão mais longa, tem 99 contas, usadas para recitar os 99 nomes de Allah, que para eles é o nome supremo de Deus. Entre esses nomes estão: o Misericordioso, o Compassivo, o Rei, o Santo, o Poderoso, o Indulgente...

A questão é que Carlo foi, desde menino, unindo a oração do terço à sua devoção a Maria. É que Maria estava presente em todas as igrejas, e muitas delas levavam seu nome, como a que ficava perto da casa dele: Santa Maria Segreta, cujo título soava bastante misterioso. "Segreta" queria dizer "Secreta", e muitos não sabiam exatamente a que isso se referia: se ao segredo da primeira igreja que levou esse nome, construída em outro ponto de Milão, e que dizem ter sido erguida em segredo sobre um antigo templo romano; ou ao segredo que Maria guardou em seu coração durante toda a vida – aquele que se deduz da passagem: *"Maria, porém, conservava todos esses fatos e meditava sobre eles em seu coração."* (Lucas 2,19)

Talvez fosse esse o segredo que Maria começava a revelar a Carlo, por isso ele dizia que ela era "a porta segura para chegar a Jesus". Não apenas a chamava de sua mãe espiritual, mas a via como intercessora, guia e protetora. Mais tarde, Antonia diria que Carlo "falava com a Virgem como um filho fala com a mãe, com total confiança e naturalidade". Além disso, para Carlo, o terço era "a escada mais curta para o céu" e "a arma mais poderosa contra o demônio". Isso me faz lembrar que Maria é aquela que, no *Gênesis da Criação*, aparece representada como a mulher que esmagará a cabeça da serpente; e, no *Apocalipse*, como a mulher que aparece como um sinal no céu: vestida de sol, com a lua sob os pés e uma coroa de doze estrelas sobre a cabeça. Talvez por tudo isso, depois de concluir seu trabalho de pesquisa sobre os "Milagres Eucarísticos", Carlo iniciou outro sobre as "Aparições Marianas". E, graças à escuta atenta dos pais e à boa situação financeira da família, pôde viajar com eles a Lourdes, Paris e Fátima, assim como a outros santuários marianos na Itália, como o importante Nossa Senhora do Rosário de Pompeia, que visitaram em 2001.

Dizem que ele viajou com os pais a Lourdes em fevereiro de 2005, quando tinha 13 anos. E que, segundo o postulador da causa, foi ali, ao chegar à gruta de Massabielle, que renovou seu voto de fidelidade a Maria: o de rezar o terço todos os dias de sua vida, embora já o fizesse há anos, e se consagrou ao Imaculado Coração de Maria. Beberam da água milagrosa e acenderam algumas velas, como os milhares de fiéis que estavam em peregrinação. Carlo estaria encantado de ver aquele caminho de luzes em torno de Maria, enquanto se elevavam os cantos de veneração. Porque Maria não é adorada, mas venerada de coração pelos católicos.

A Fátima viajariam em abril de 2006, cinco meses antes de sua morte. Foi uma visita muito significativa, por conta da devoção que Carlo tinha por essa Virgem e pelos três pastorinhos, que o inspiravam a praticar o pedido de Fátima: oferecer os primeiros sábados de cinco meses consecutivos com confissão, comunhão, reza do terço e quinze minutos de meditação, exatamente como também fazia nas primeiras sextas-feiras. Carlo sentia que tinha muito em comum com os pastorinhos, por ter conhecido com tanta profundidade e fervor Jesus e Maria desde muito jovem. Chegava a dizer que, em sonho, Jacinta e Lúcia já haviam aparecido para ele e era comum vê-lo lendo as memórias de Lúcia.

Aparentemente, Jacinta teria aparecido a Carlo em sonhos e dito que não existiam palavras para descrever o horror do inferno. Foi aí que ele comentou com a mãe: "Você tem noção do que significa ir para o inferno? Por toda a eternidade?" E, falando das Memórias de Lúcia, Carlo se impressionou especialmente com o relato da aparição de 13 de maio de 1917, na Cova da Iria, em Portugal. Na ocasião, os três pastorinhos perguntaram à Virgem se iriam para o céu, e Maria respondeu que Jacinta e Lúcia, sim, mas que Francisco teria que rezar muitos terços. Ao ler isso, Carlo ficou profundamente tocado e disse à mãe: "Se Francisco, que era tão corajoso, tão bom e tão simples, teve que rezar tantos terços para ir para o céu, como eu posso merecer também, sendo tão ímpio em comparação a ele?" Essas reflexões sobre o céu, o purgatório e o inferno o levariam, mais tarde, a organizar uma exposição e criar um site sobre o tema.

E falando das diferentes devoções a Maria que existem em todo o mundo cristão, digo, como disse Carlo, que Maria é uma só, mas tem diferentes invocações. Em muitos casos, estas correspondem à forma como ela apareceu ou foi representada; tanto no Oriente, mais com ícones, como no Ocidente, com estátuas, fossem estas de gesso, bronze ou mármore. O caso da Virgem de Guadalupe, no México, é a grande exceção, porque Maria quis deixar um sinal concreto e imprimiu a si mesma na tilma (palavra de origem nauatle – a língua dos povos originários do centro do México – que significa "manto") do índio São Juan Diego. Ou seja, ela se retratou sobre o "ayate" de algodão com o qual Juan Diego cobria seu corpo do frio. E ela fez isso de uma maneira sobrenatural, que nem mesmo a NASA conseguiu explicar até hoje. Porque o manto permanece intacto depois de quase quinhentos anos. Sua figura é do tamanho de uma mulher normal, tem a pele oliva, com um vestido florido e um manto cravejado de estrelas, que está pisando na lua e revestida de sol, quase como a mulher do Apocalipse.

Um lugar no mundo

Agora me diga você, querido leitor: se fosse adulto e tivesse um filho como Carlo, ou se fosse jovem e tivesse um amigo como ele – que vai à missa todos os dias, comunga todos os dias, faz adoração ao Santíssimo todos os dias e reza o terço todos os dias –, não diria que ele é especial? Que foge do comum? Que, por alguma razão, tanto Beata quanto Rajesh foram transformados ao conviver com ele? Por isso, Andrea e Antonia não podiam permanecer alheios a essa situação e o apoiavam em seus desejos espirituais, bem como nas viagens aos santuários marianos e também a Assis, onde acabariam comprando uma casa pelo amor que Carlo tinha por Francisco, o "Poverello".

Foi Beata, a babá polonesa, quem primeiro falou a Carlo sobre o santo de Assis que, além disso, é o padroeiro da Itália. E falou dele porque gostava de lhe contar a vida dos santos. Contou que São Francisco, filho de Pia e Pietro Bernardone (um rico comerciante de tecidos), levava uma vida desregrada, até que foi para uma guerra entre sua cidade e a vizinha Perúgia. Francisco foi feito prisioneiro e, após quase um ano, voltou para casa doente. Foi então, quando se preparava para ir para outra guerra, que aconteceu sua conversão. Deus o chamou, como poderia um dia chamar também a Carlo. "E o que ele disse?", poderia ter perguntado o menino. "Que deixasse tudo e começasse a segui-lo, vivendo na pobreza e evangelizando os outros." Foi então que Francisco discutiu com seu pai em plena praça pública, tirou as roupas e ficou nu. Diante do espanto de Pietro e do bispo Guido, declarou que devia obedecer à vontade de seu Pai do Céu. Assim, Francisco mudou completamente de vida. Pouco depois, ouviu a voz de Jesus saindo de um crucifixo na igreja de São Damião, dizendo: "Francisco, vai e repara a minha casa, que, como vês, está em ruínas." Jesus repetiu isso três vezes, e Francisco acreditou que deveria, de fato, reparar materialmente aquela igreja até que, um dia, compreendeu que a verdadeira reparação era espiritual: a Igreja, como instituição, precisava ser restaurada. Mas, no início, ele realmente reformou São Damião e começou a reconstruir uma pequena capela abandonada em um terreno dos monges beneditinos, à qual deu o nome de Porziuncola (Porciúncula), que significa "pequena porção de terra", já que se tratava de um lugar muito simples. Seus amigos, ao vê-lo trabalhar ali mesmo em meio ao rigor do inverno, começaram a ajudá-lo e, depois, a segui-lo, também abandonando tudo: passaram a viver da caridade, sem guardar alimento para o dia seguinte e usando um hábito rústico de algodão marrom. Assim nasceu a primeira comunidade, cujas regras eram muito exigentes, sobretudo no que dizia respeito à pobreza. Francisco era apaixonado pela natureza e por toda a criação. Viveu falando apenas de Jesus e de como segui-lo. Recitava as bem-aventuranças e chamava de irmãos todas as criaturas.

"Chegou a receber os estigmas de Jesus", Beata deve ter lhe contado. Mas não acredito que tenha conseguido explicar aquilo com clareza. Afinal, o surgimento dos estigmas é algo sobrenatural, como também aconteceu com outros santos depois dele, como Santa Clara de Assis, Santa Rita de Cássia e o padre Pio de Pietrelcina. As chagas abriram-se nas palmas das mãos de Francisco, como se tivessem sido atravessadas por pregos. Ele estava fazendo jejum no Monte La Verna, era inverno, quando começaram a surgir as feridas: nas mãos, no lado do peito e nas plantas dos pés. Sangravam. Francisco precisou cobri-las com panos. E muitos, ao vê-las, ajoelhavam-se para beijá-las. Por quê? Porque ele estava revivendo, em seu próprio corpo, as dores e os sofrimentos de Jesus na cruz.

A partir de então, Carlo sentiu-se profundamente fascinado por Francisco e por seu modo de vida. Antonia diria: "Carlo queria se parecer com ele. Dizia que São Francisco era o primeiro depois de Jesus." Foi assim que, um ano após ter feito a Primeira Comunhão, ele pediu aos pais que o levassem para conhecer Assis, na região da Úmbria, província de Perugia, situada nas encostas do monte Subásio. Eles foram e lá conheceram não apenas as ruelas de pedra da cidade medieval, com vestígios ainda da presença romana, mas também a antiga casa de São Francisco e de Santa Clara, assim como as basílicas dedicadas a ambos. Carlo rezou diante do túmulo de Francisco; depois visitaram São Damião, a Igreja do Despojamento e a antiga catedral de São Rufino, onde os dois santos foram batizados. Conheceram, ainda, a praça da comuna, com sua bela fonte, onde ficam as colunas do antigo templo romano dedicado à deusa Minerva. Mas o que mais encantou Carlo, além da vista deslumbrante dos vales ao redor, salpicados de oliveiras e vinhedos, foi, sem dúvida, a Porciúncula. Localizada na parte baixa do monte Subásio, no povoado de Santa Maria degli Angeli, ela permanece intacta até hoje, abrigada dentro da imponente basílica de Santa Maria dos Anjos.

Foi por essa razão que a família passou a frequentar Assis com mais regularidade e acabou comprando uma casa lá em 2001. Você pode se perguntar: "Tanto amor por um lugar assim?" Pois se ainda não conhece Assis, é melhor planejar uma visita algum dia e vai se apaixonar por aquele lugar, assim como aconteceu comigo quando viajei com minha esposa durante o jubileu do ano 2000. Assis tem uma energia especial, e ali se respira um ar de profunda espiritualidade. Não à toa, João Paulo II a escolheu como sede do Primeiro Encontro Inter-religioso de Oração pela Paz, realizado em 27 de outubro de 1986. E essa escolha foi feita justamente porque São Francisco é um símbolo universal de paz, fraternidade e diálogo.

Não podemos esquecer que ele foi o primeiro santo cristão a se aproximar dos muçulmanos, quando visitou o sultão do Egito durante as Cruzadas. Na ocasião, João Paulo II declarou: "Assis é a cidade daquele que se sentiu irmão de toda a criação." Estiveram presentes representantes de todas as vertentes do cristianismo, além de líderes do islamismo, judaísmo, hinduísmo, budismo, xintoísmo e outras religiões e tradições espirituais.

Para Carlo, Francisco era o maior exemplo de amor à Eucaristia, de vivência da pobreza evangélica e da santidade, tudo isso somado ao amor pela Criação, sentimento que ele também cultivava. "Carlo se sentia profundamente identificado com São Francisco. Para ele, não era apenas um santo: era um amigo, um espelho no qual via refletido o que Deus queria para sua vida", contaria Antonia. Muito provavelmente, se Carlo não tivesse morrido tão jovem, teria considerado seguir o sacerdócio. Ele chegou a comentar com sua mãe durante o último verão que passaram na casa dos avós paternos em Santa Margherita Ligure. Primeiro, perguntou o que ela acharia se ele se tornasse padre. Depois, disse com simplicidade: "Se Deus quiser, serei sacerdote." Caso tivesse seguido esse caminho, talvez optasse pelo sacerdócio diocesano. Mas, se tivesse que escolher uma congregação religiosa, não restam dúvidas de que teria sido a dos franciscanos. Depois que compraram a casa em Assis, a família começou a passar ali parte do verão e alguns feriados prolongados, mesmo sendo longe de Milão (480 quilômetros). Mas, como dizia Carlo: "Sou feliz aqui. Sinto uma paz que não sinto em nenhum outro lugar."

Eles chegavam a Assis com os cachorros, e Carlo percorria feliz as colinas, empinava pipas e ia nadar na piscina municipal, onde acabaria ajudando os salva-vidas. Depois, sentava-se em silêncio dentro da pequena Porciúncula, cuja abóbada tinha forma ovalada. Contemplava o afresco da Anunciação do anjo a Maria, pintado no abside, a parede atrás do altar. Miguel anunciando a Maria que ela conceberia um filho e que deveria chamá-lo Jesus. Maria perguntando como aquilo seria possível, se ela não conhecia homem algum. E o anjo respondendo: *"O Espírito Santo virá sobre você, e o poder do Altíssimo a cobrirá com sua sombra. Por isso, o Santo que vai nascer de você será chamado Filho de Deus. Olhe a sua parenta Isabel: apesar da sua velhice, ela concebeu um filho. Aquela que era considerada estéril, já faz seis meses que está grávida. Para Deus nada é impossível"* (Lucas 1,35-37). Carlo meditava sobre aquelas palavras, que ressoavam em seu coração. Sim, em silêncio, rezando, contemplando e deixando que as palavras se transformassem em quietude, em serenidade, em um estado da alma que mais tarde o faria dizer: "Em um mundo tão agitado e cheio de ruído, encontrar a paz interior é um desafio constante. No entanto, descobri que essa paz não depende das circunstâncias externas, mas de uma relação profunda com Deus. Quando confio plenamente Nele, quando deixo meus fardos em Suas mãos, sinto que a alma descansa e se enche de serenidade. A oração, a Eucaristia e a meditação são caminhos para alcançar esse verdadeiro descanso... A paz interior é um tesouro que transforma a maneira como vemos a vida e nos prepara para enfrentar qualquer dificuldade com força e esperança... Meu desejo é que todos possam experimentar essa paz, porque ela é o sinal mais claro de que Deus está presente e age em nós."

Muitas vezes nos perguntamos entre amigos qual é o nosso lugar no mundo. Eu realmente não sei. Há tantos lugares de que gosto. Mas, para Carlo, evidentemente, Assis era o seu lugar. E por isso pediu que, ao morrer, fosse enterrado ali, o mais próximo possível de sua Porciúncula.

Milagres eucarísticos

O tempo continuava passando, tanto no colégio quanto no coração de Carlo. Seu amor por Cristo crescia a tal ponto que já não podia mais ser contido. Aos onze anos, dominando perfeitamente a internet e o uso do computador, além de ter algum conhecimento em design gráfico, Carlo iniciou seu trabalho de pesquisa sobre os chamados "Milagres Eucarísticos". Mais tarde, ele criou um site e montou exposições com painéis e fichas explicativas. Esses painéis – que ao final somaram cerca de 163, com fotografias e explicações históricas –, já percorreram mais de 10.000 paróquias ao redor do mundo. Um verdadeiro milagre, considerando o tema que abordam! Para realizar essa grande obra, Carlo não pesquisou apenas em sites da internet. Ele leu livros, documentos, artigos e também consultou fontes eclesiásticas, contando com a colaboração dos pais e de um sacerdote da paróquia.

Antonia, referindo-se a esse trabalho espantoso do filho, dizia: "Era impressionante ver um menino tão jovem passar horas e horas trabalhando no computador em vez de jogar videogame com os amigos. Ele queria que todos amassem a Deus e entendessem que a Eucaristia é a coisa mais incrível do mundo." Ao que parece, Carlo chegou a danificar mais de três computadores com esse trabalho minucioso de pesquisa e produção. Isso porque também convenceu os pais a viajarem com ele até alguns dos locais onde os milagres eucarísticos aconteceram.

Por exemplo, dentro da Itália, eles viajaram até Lanciano, na região dos Abruzos, onde ocorreu o primeiro milagre eucarístico registrado da história. Aconteceu no século VIII, quando o pão se transformou em carne e o vinho em sangue. Esse foi um dos milagres que mais impactou Carlo e sobre o qual vale a pena nos deter um pouco. Lanciano é uma pequena cidade à beira do mar Adriático, situada entre San Giovanni Rotondo e Loreto. Lá, por volta do ano 700, vivia um monge da ordem de São Basílio, que duvidava – ou quase não acreditava – da presença real de Cristo na Eucaristia. Ele rezava constantemente pedindo que suas dúvidas se dissipassem, pois temia perder sua vocação. Suas incertezas se intensificavam especialmente durante a celebração da missa, pois além de monge, ele também era sacerdote. Certa manhã, durante a missa, depois de invocar o Espírito Santo e no momento da consagração das espécies, ao elevar a hóstia, viu-a se transformar claramente em um círculo de carne. Ao olhar para o cibório, viu o vinho se converter em sangue. A cena o fez tremer; ele começou a chorar, tomado por uma mistura de alegria, espanto, temor e arrependimento. Naquele tempo, a missa ainda era celebrada de costas para os fiéis. Então ele se virou para os presentes e disse: "Ó, felizes testemunhas, a quem o Santíssimo Deus, para extinguir minha falta de fé, quis revelar-se neste Bendito Sacramento, tornando-se visível aos nossos olhos! Venham, irmãos, maravilhem-se diante do nosso Deus tão próximo de nós. Contemplem a Carne e o Sangue de Nosso Amado Cristo!" Ainda hoje, as espécies transformadas são conservadas em relicários na igreja de São Francisco de Lanciano, para onde foram finalmente transferidas. Como se comprovou mais tarde, a hóstia transformada em carne faz parte do tecido muscular do miocárdio do coração.

Acreditar ou não, você decide! E não é que eu queira te convencer de nada. Só estou apresentando os fatos, como Carlo fez com tantos outros milagres. Ele também visitou Bolsena, Siena, Cássia e Orvieto, onde ocorreram milagres semelhantes, com hóstias que sangraram, hóstias queimadas que permaneceram intactas, hóstias que se transformaram em coágulos etc. Mas há um milagre eucarístico em especial sobre o qual também quero falar, porque aconteceu na minha querida Argentina, mais precisamente na cidade onde nasci, Buenos Aires. Não, Carlo não chegou a vir até aqui, mas incluiu esse milagre em sua pesquisa, e por isso entrou em contato com a Conferência Episcopal Argentina para obter informações. É um milagre que eu vi com meus próprios olhos, na paróquia de Santa María de Buenos Aires, localizada na Avenida La Plata, 286, no bairro de Boedo. Milagres eucarísticos ocorreram ali nos anos de 1992, 1994 e 1996, sendo este último investigado a fundo a pedido do então arcebispo da cidade, cardeal Jorge Mario Bergoglio, que mais tarde se tornaria o Papa Francisco. Nesses casos, as hóstias consagradas, deixadas para se dissolver em água, transformaram-se em tecido humano com vestígios de sangue.

Vou contar os fatos de forma breve. No dia 1º de maio de 1992, após a missa, um ministro da Eucaristia encontrou um pedacinho de hóstia sobre o corporal (o corporal é um pano de linho que se coloca no altar, onde repousam o cálice e a patena com a hóstia a ser consagrada). O sacerdote, conforme orientam as normas para esse tipo de caso, mandou colocar o fragmento em um recipiente com água, dentro do sacrário, aguardando que ele se dissolvesse. Nos dias seguintes, monitoraram para ver se a hóstia havia se desfeito, mas ela permanecia intacta. Depois de sete dias, notaram que ela havia adquirido uma coloração avermelhada, como sangue. No domingo, 10 de maio, durante as missas da tarde, os padres celebrantes observaram gotas de sangue sobre as patenas enquanto distribuíam a comunhão. No domingo, 24 de julho de 1994, aconteceu algo semelhante, durante a missa das crianças. Quando o ministro da Eucaristia foi até o sacrário buscar um cálice com hóstias consagradas, viu manchas de sangue na parede do Tabernáculo. Por fim, em 15 de agosto de 1996, durante a missa da Assunção de

Maria, uma hóstia caiu no chão, algo que pode acontecer quando o cálice está muito cheio, ou quando a hóstia gruda nos dedos do ministro ou do celebrante, ou ainda quando cai da boca de algum fiel. Ela foi colocada em um recipiente com água, como havia sido feito em 1992. Alguns dias depois, em 26 de agosto, um ministro da Eucaristia descobriu que ela havia se transformado em algo semelhante a sangue coagulado. O advogado australiano Ron Tesoriero deu início à investigação a pedido de Bergoglio, junto com o doutor Gómez Castañón. A análise forense e os testes de DNA, realizados ao longo dos anos, demonstraram que a substância era semelhante a um tecido inflamado do coração humano. Um tempo depois, o Dr. Zugibe – renomado especialista em patologia forense, consultado em Nova York e sem saber nada sobre o caso –, após analisar o material, afirmou: "Sou especialista em coração. O coração é a minha área. Isso aqui é carne. É tecido muscular do coração, o miocárdio, proveniente da parede do ventrículo esquerdo, próximo a uma zona valvular. É o músculo que dá ao coração seu batimento e, ao corpo, a vida. Esse músculo cardíaco está inflamado. Essas células foram produzidas pelo próprio corpo e saíram da corrente sanguínea para infiltrar-se no tecido, a fim de enfrentar um trauma ou lesão... Isso não é diferente do que vi quando alguém sofre um impacto violento no peito... Esse coração estava vivo. Veio de uma pessoa viva, não de alguém morto... Posso determinar o momento da lesão, quando ocorreu a alteração no fluxo sanguíneo. Isso aconteceu três dias antes daquele instante registrado na lâmina de microscópio." O que mais surpreendeu o doutor Zugibe foi o fato de os glóbulos brancos e o tecido cardíaco estarem tão bem conservados, mesmo após anos submersos em água destilada. E há mais: diz-se que, ao comungarmos, recebemos Jesus no momento da Ressurreição, ou seja, três dias após sua Paixão e morte.

Isso foi basicamente o que Carlo relatou em seu painel histórico. Por isso, eu gostaria de saber de você, estimado leitor: você acredita em milagres? Acredita que Jesus transformou água em vinho nas bodas de Caná da Galileia? Que multiplicou os pães e os peixes diante de uma multidão de mais de cinco mil homens? Que acalmou a tempestade quando estavam no barco em meio ao lago? Que secou uma figueira apenas ao olhá-la? Que curou a sogra de Pedro e o paralítico que desceram pelo teto em Cafarnaum? Que fez surdos ouvirem e cegos enxergarem? Que expulsou demônios, fez paralíticos andarem e ressuscitou mortos? Você ao menos já leu que Ele curou à distância o servo do centurião romano e fez a filha de Jairo se levantar da cama onde jazia morta? Acredita que, diante do túmulo de seu amigo Lázaro, Ele disse: "Lázaro, vem para fora", e ele O obedeceu? Mais ainda:

você crê na ressurreição dos mortos e na vida eterna, e que Cristo foi o Filho de Deus que veio ao mundo para nos salvar? Você nunca se perguntou isso?

Quero contar, por fim, que dez dias após a morte de Carlo, em 21 de outubro de 2006, ocorreu um milagre eucarístico em Mixtla, no México, quando uma freira que distribuía a comunhão percebeu que uma das hóstias começou a sangrar. Fizeram exames e constatou-se que era sangue humano do mesmo tipo que o de Lanciano e o do Santo Sudário de Turim. Dois anos depois, na Polônia, em Sokolka, aconteceu outro milagre: uma hóstia que havia caído e fora guardada em um recipiente transformou-se em tecido do miocárdio. Algo semelhante ocorreu também em Legnica, outra cidade polonesa, em 2013. E penso que esse tipo de milagre ou sinal continuará acontecendo para que acreditemos na presença do Senhor na Eucaristia. Porque, seguramente, a muitos de nós se aplicam aquelas palavras ditas por Jesus ao apóstolo Tomé: *"Felizes os que acreditaram sem ter visto"* (João 20,29).

Quando Carlo terminou suas investigações sobre os "Milagres Eucarísticos" (que podem ser vistos em: www.miracolieucaristici.org), deu continuidade a outras pesquisas. Primeiro, aprofundou-se no tema das "Aparições Marianas" (www.aparicionesdelavirgenmaria.org). Em seguida, produziu um trabalho sobre "Anjos e Demônios" (www.carloacutis.net/pages/angeli/index.html) e outro sobre o "Inferno, Purgatório e Paraíso" (www.carloacutis.net/InfernoPurgatorioParadiso/). Posteriormente, dedicou-se também ao estudo da vida dos santos jovens. Não quero me estender sobre essas pesquisas, quero apenas dizer que, quando se fala das "Aparições Marianas" oficialmente reconhecidas pela Igreja, sempre se mencionam as do Pilar, em Zaragoza, na Espanha; a do Carmo, na Inglaterra; a de Guadalupe, no México; a de Fátima, em Portugal; as de La Salette e Lourdes, na França; e a de Nossa Senhora do Rosário de San Nicolás, na Argentina.

Sabemos que a santidade de qualquer cristão se conquista por meio do cultivo das virtudes heroicas, tanto das teologais (fé, esperança e caridade) quanto das cardeais (prudência, justiça, fortaleza e temperança). Carlo, nesse sentido, dizia: "Maria é um modelo exemplar, e seu testemunho de fé, sustentado por sua caridade perfeita, deve nos encorajar a seguir nosso caminho rumo à santidade, apesar de nossas fraquezas."

Catequese e voluntariado

Embora muitos já chamem Carlo de "padroeiro da internet", "o santo millennial", "o ciberapóstolo da Eucaristia" ou "o influencer de Deus", a Igreja ainda não se pronunciou oficialmente a esse respeito. Pessoalmente, acredito que suas habilidades no uso das redes e no mundo digital foram apenas mais uma ferramenta a serviço de sua missão catequética, a tentativa de evangelizar o mundo em que vivia. Para mim, tudo isso fazia parte do cultivo de suas virtudes heroicas, que acabariam por conduzi-lo à santidade. Acho que, com tudo o que estou contando, a fé de Carlo já está bastante evidente. Mas ainda precisamos falar mais sobre sua esperança e caridade. A esperança dele estava entrelaçada à sua missão apostólica: a de promover e divulgar o Evangelho, tanto nas redes quanto nos diversos ambientes de sua vida.

Calcula-se que, entre os onze e doze anos, Carlo começou a colaborar na catequese com as crianças que se preparavam para a Primeira Comunhão na paróquia de Santa Maria Segreta e, mais tarde, quando já estava no liceu, passou a ajudar também com os grupos de Crisma. Ele não era catequista formalmente, mas colaborava, graças ao seu conhecimento e à facilidade com que se relacionava com os pequenos. E a primeira coisa que provavelmente lhes dizia era: "Quanto mais recebemos a Eucaristia, mais nos parecemos com Jesus, e, assim, ainda nesta terra, teremos um vislumbre do céu." Dizia isso com convicção, falando com calma e sempre com aquele seu sorriso natural no rosto. Para ele, as crianças deveriam compreender desde cedo o valor da missa, da confissão e da Eucaristia, como aconteceu com ele. Em um dos folhetos que preparou para sua exposição sobre os "Milagres Eucarísticos", afirmava com clareza: "As crianças devem ser levadas a Jesus o quanto antes. Não há nada mais importante do que colocar Jesus no centro da vida dos pequenos." E Antonia confirmava isso, dizendo: "Ele acompanhava crianças menores à igreja, falava-lhes sobre Jesus, ajudava-as a se confessar e a entender o que significava comungar."

Sentado sobre uma mesinha, conversando com as crianças, Carlo costumava recordar seu próprio caminho de descoberta de Jesus, desde a primeira vez em que Beata o levou a uma igreja, até começar a sentir aquela paixão interior e o desejo profundo de comungar. "A santidade não é uma meta distante reservada a poucos, mas uma vocação para todos, também para as crianças." Foi isso que Jesus ensinou quando disse aos seus discípulos: *"Deixem as crianças vir a mim. Não lhes proíbam, porque o Reino de Deus pertence a elas. Eu garanto a vocês: quem não receber como criança o Reino de Deus, nunca entrará nele*" (Marcos 10,14-15). Por isso mesmo era fundamental que as crianças começassem a ouvir falar de Deus o quanto antes, para que pudessem abrir um espaço para Ele em seus corações. Mas não bastava apenas falar de Deus, era preciso dar testemunho, especialmente os pais. Porque se os pais falam de amor, mas passam o dia brigando, isso gera uma enorme confusão, e aquele espacinho do coração que estava se abrindo começa a se fechar e, aos poucos, forma-se uma couraça que não quer mais ser ferida. Carlo também falava da responsabilidade que os pais tinham de rezar pelos filhos, não só com eles, mas por eles.

É engraçado, pelas suas exigências, mas Carlo inventou para as crianças um kit de recomendações para se tornarem santos, que consistia em sete premissas: ir à missa todos os dias e receber a comunhão; fazer um momento de adoração eucarística diante do Sacrário; rezar o terço todos os dias; ler diariamente um trecho da Bíblia; confessar-se toda semana; oferecer sacrifícios ao Senhor e à Virgem para ajudar os outros; e pedir ajuda ao Anjo da Guarda para que fosse seu amigo... Não se preocupe, acho que eu também não cumpro nenhuma, mas sei que, quando faço um esforço de maior atenção espiritual, me sinto melhor ao longo do dia. Temos que fazer a experiência, você e eu.

O padre Gianfranco Pomo, desde que assumiu a paróquia de Santa Maria Segreta, percebeu o quanto era especial aquele menino que todos definiam como "comum", mas com algo interior que o tornava completamente diferente. "A primeira vez que encontrei Carlo, era meu primeiro dia como pároco nesta paróquia e o conheci sentado diante do Sacrário. Então perguntei: 'Mas você vem aqui de vez em quando para rezar diante da Eucaristia?' 'Sim – me disse –, porque isso me permite estar mais leve diante de tudo aquilo que a vida me pede'." E, em uma outra ocasião em que o encontrou sorrindo de felicidade, Carlo lhe confessou: "Hoje de manhã fiquei emocionado com aquela imagem da Virgem e me detive para decifrar o significado do sorriso de Maria." Diante desse comentário, o pároco lhe respondeu: "Esse sorriso contém o segredo do indizível." A partir daqueles encontros, era lógico que o padre Gianfranco pedisse a ajuda de Carlo para a catequese, pois o jovem parecia ter amadurecido o segredo de Jesus e de Maria, justamente no mistério que o próprio nome da paróquia carregava. E daí para pensarem que a paróquia precisava ter um site, para se comunicar melhor com a comunidade, bastou uma troca de olhares e uma proposta entre os dois. Ainda que, segundo dizia Carlo: "A internet é como uma faca, pode cortar o pão, mas também pode ferir." Passando para o plano da caridade ou das obras de misericórdia que Carlo realizava desde pequeno, basta escutar os inúmeros relatos de Beata e de Rajesh. Beata contava que, desde muito novo, ele sentia uma especial sensibilidade pelos pobres, deficientes e marginalizados. Sempre que encontrava uma pessoa em situação de rua, aproximava-se para conversar, e ela precisava detê-lo. Sua grande generosidade ficou evidente em um verão em que ela e seu filho, Konrad, não tinham para onde ir nas férias, e Carlo convenceu sua mãe a levá-los para a casa de campo em Centola, cedendo a eles seu próprio quarto para dormirem.

Rajesh guardava na memória um episódio significativo: quando Carlo decidiu vender todos os seus brinquedos, inclusive alguns que ganhou de presente de Natal, para ajudar os pobres que dormiam em frente à igreja. Outras vezes, ele separava parte da comida ou das compras feitas em casa e dizia: "Isto não é para nós, é para os pobres." E mandava Rajesh entregá-las nos bairros mais carentes ou na estação de trem de Milão. Mas não se tratava de restos ou sobras, era a mesma comida que eles levavam à mesa, pois não se podia discriminar os necessitados. "Carlo sempre pensava nos outros. Dizia para mim: 'Rajesh, leve isso você. Eles precisam mais do que nós'." Além disso, Carlo costumava economizar parte do dinheiro que ganhava dos avós ou da mesada semanal que os pais lhe davam, para comprar cobertores ou agasalhos para pessoas em situação de rua, ou doava para a Obra de São Francisco, em Milão, que cuidava dos pobres. Segundo Antonia: "Carlo não usava o dinheiro para si mesmo. Sempre pensava em como ajudar os outros." E acrescentava: "Isso era algo natural nele, não era forçado." Muitas vezes, ela só ficava sabendo do que ele fazia por outras pessoas, porque ele não contava nem buscava reconhecimento.

Rajesh conta que, certa vez, Carlo havia ganhado um par de tênis novos, de uma marca muito cara. Quando viu um homem descalço e com os pés machucados, parou, tirou os tênis e os entregou a Rajesh, pedindo que os desse ao homem, porque "esse senhor precisa mais do que eu". Mas o caso mais recorrente era o de um idoso, conhecido como Emmanuelle, que dormia à porta da igreja de Santa Maria Segreta. Carlo não apenas levava comida para ele quase todas as noites, como também conseguiu, a seu pedido, que Antonia comprasse um saco de dormir para que o homem não precisasse mais deitar sobre papelões coberto com trapos. As obras de caridade de Carlo, no entanto, não se limitavam ao plano material, ele também se dedicava a servir aos outros no colégio, tentando evitar que algum colega sofresse bullying ou conversando com aqueles que pareciam mais carentes de afeto. Tudo isso o levaria, já no liceu, a se envolver fortemente com missões e trabalhos voluntários.

Quero encerrar este pequeno capítulo com algumas frases de Carlo sobre a fé, a esperança e a caridade. Acho que valem a pena tanto para você quanto para mim, porque muitas vezes podemos cair no vazio, na desesperança e na falta de amor. Nesse último sentido, o próprio Carlo me fez refletir sobre quantas vezes, ao longo da minha vida, passei direto ou desviei o caminho para não ajudar alguém necessitado. Quantas vezes não agi como o bom samaritano da parábola de Jesus, aquele que viu o homem caído à beira da estrada, ferido após ser assaltado. E "viu e teve compaixão", derramou vinho e óleo sobre suas feridas, colocou-o sobre seu animal e o levou a uma hospedaria. E não ficou por aí: no dia seguinte, deixou duas moedas de prata com o dono da hospedaria para cobrir os gastos até que o homem se recuperasse.

Muitas vezes pensamos que o amor precisa ser algo grandioso, espetacular, mas a verdade é que o amor verdadeiro se manifesta na simplicidade dos pequenos gestos. Amar com paciência, sem esperar nada em troca, perdoar quando fomos feridos, ajudar sem buscar reconhecimento: esse é o amor que transforma o mundo, dizia Carlo.

Cada um de nós tem uma missão única e especial, um chamado que Deus colocou em nosso coração... Ser cristão é ser testemunha de esperança e de verdade em meio a um mundo que às vezes parece perdido. Nossa missão é levar luz onde há escuridão, consolo onde há tristeza, justiça onde há injustiça.

Para cumprir essa missão, é fundamental crescer na fé, na oração e no amor. Não se pode dar o que não se tem. Por isso, a vida cristã é um caminho constante de conversão, de abertura à graça, de entrega ao próximo. Meu sonho é que cada pessoa descubra a beleza da sua vocação e a viva com paixão, sabendo que não está sozinha, que Jesus caminha ao nosso lado e que seu amor nunca falha.

Crisma e liceu

Em 24 de maio de 2003, Carlo recebeu o sacramento da Confirmação na paróquia de Santa Maria Segreta. Tinha doze anos. A missa foi celebrada pelo vigário episcopal de Milão, monsenhor Luigi Testore. Seu padrinho de Crisma foi o doutor Sidi Perin, que, após a morte de Carlo, diria em uma palestra na paróquia de Soresina: "Carlo era um garoto simples e tranquilo, com muitos interesses. Como todos os meninos, amava música e esportes, tinha hobbies, estudava bastante e possuía um talento nato para a informática. No entanto, dentro dessa sua normalidade, Deus sempre vinha em primeiro lugar, tanto que Carlo dava testemunho de sua fé no dia a dia, especialmente na escola e com os amigos."

Carlo, recém-nascido e um pouco antes de falecer
(Fotografias baixadas do website de Carlo: www.carloacutis.com).

Carlo com seu pai, Andrea, sua mãe, Antonia e sua babá, Beata

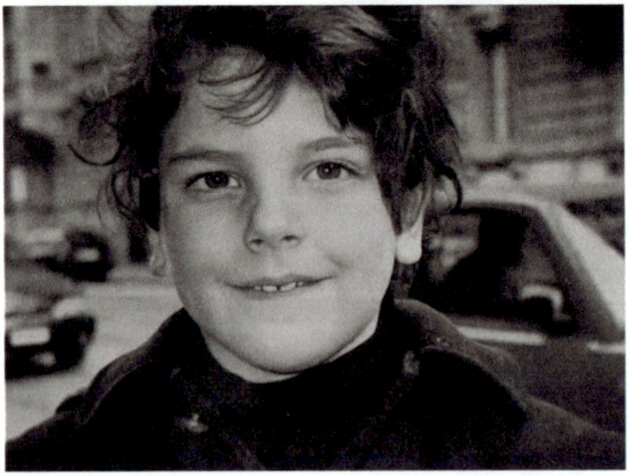

Carlo com um de seus cães e com Rajesh Mohur

Primeira Comunhão de Carlo

Carlo na montanha

Carlo visitando um santuário

Via Ludovico Ariosto, rua e edifício onde morava (fotos cedidas por Andrés McLean)

Instituto das Marcelinas e Liceo León XIII
(fotos cedidas por Andrés McLean)

Igreja de Santa Maria Segreta em Milão (fotos cedidas por Andrés McLean)

Cerimônia de Beatificação de Carlo

Interior da basílica de São Francisco de Assis, no dia de sua beatificação, com seus pais e irmãos gêmeos presentes

Corpo de Carlo e entrada na cripta da igreja de Santa Maria Maggiore em Assis, também chamado Santuário do Despojamento

Carlo com sua mãe, Antonia Salzano

Mostra internacional

OS MILAGRES EUCARÍSTICOS

NO MUNDO

Idealizada e realizada por Carlo Acutis

BEATO CARLO ACUTIS

(*Londres, 3 de maio de 1991 + Milão 2 de outubro de 2006)

«"Meu objetivo de vida é estar sempre junto a Jesus". Com estas poucas palavras, Carlo Acutis, o rapaz que morreu de leucemia aos 15 anos, descreve sua breve existência: Viver com Jesus, por Jesus e em Jesus"»[1]. Para citar as palavras de Carlo: **"Nossa Meta deve ser o infinito, não o finito. O infinito é nossa Pátria. Sempre nos esperam no Céu".** É sua a frase: **"Todos nascem como originais, mas muitos morrem como cópias".**

Para seguir em direção a esta Meta, e não "morrer como cópia", Carlo dizia que nossa Bússola deve ser a Palavra de Deus, com a qual devemos lidar constantemente. Mas, para uma Meta alta assim, são necessários Meios muito especiais: os Sacramentos e a oração. Carlo colocava o Sacramento da Eucaristia no centro de sua própria vida, o qual chamava de **"meu caminho para o Céu"**. Aceito para a Primeira Comunhão com apenas 7 anos, até hoje nunca faltou a um compromisso diário com a Santa Missa e Reza o Terço. Procurava sempre fazer um pouco de Adoração Eucarística, uma vez que estava convencido de que **"ao ficar diante de Jesus na Eucaristia as pessoas podem se tornar santos"**. Carlo sempre se perguntava por que eram vistas filas quilométricas de pessoas que ficam horas esperando para ver um show de Rock ou um filme, mas essas mesmas filas não eram vistas em frente a Jesus na Eucaristia. Dizia que as pessoas não tinham ideia do que estavam perdendo, se as igrejas estivessem totalmente cheias, imagine só o que poderia ser feito. No Santíssimo Sacramento — repetia entusiasmado — Jesus está presente da mesma forma como estava presente há 2.000 anos, nos tempos dos Apóstolos, só que naquele tempo as pessoas eram obrigadas a se locomover continuamente para vê-lo e hoje temos muito mais sorte porque podemos encontrá-lo em qualquer igreja perto de casa. Dizia, **"Temos Jerusalém em nossa casa"**. Como um bom catequista que era, fez seu melhor para encontrar formas cada vez mais atuais para ajudar os outros a reforçar sua própria fé. Por isso, deixou como herança suas mostras, entre as quais aquela dos Milagres Eucarísticos. Foi em 2002, visitando as exposições do Encontro de Rimini, que Carlo decidiu criar uma mostra sobre os Milagres Eucarísticos reconhecidos pela Igreja. Um trabalho desafiador em que envolveu também sua família por cerca de dois anos e meio. Os efeitos espirituais que a mostra está trazendo eram então imprevisíveis. Hoje podemos afirmar que a mostra foi hospedada em todos os 5 Continentes. Muitos pastores também pediram para reunir o material em um catálogo que tinha o prefácio autorizado pelo Cardeal Angelo Comastri, Arcipreste da Basílica Papal do Vaticano e Vigário Geral de Sua Santidade para a Cidade do Vaticano, e do S.E. Mons. Raffaello Martinelli, então Chefe do Escritório de Catequese da Congregação para a Doutrina da Fé. A partir daquele momento a mostra, se pudermos dizer assim visto os resultados, "está fazendo milagres". Apenas nos Estados Unidos, graças à ajuda dos "*Cavaleiros de Colombo*, da "*The Cardinal Newman Society* e da *The Real Presence Association and Education*, com o patrocínio do Cardeal Edmond Burke, foi hospedada em milhares de paróquias, em mais de 100 Universidades. Foi também promovida por algumas Conferências Episcopais, inclusive a da Filipina, Argentina, do Vietnã, etc. Ela chegou até mesmo à China e à Indonésia. Importantes Basílicas e Santuários hospedaram a mostra de Carlo, entre eles o Santuário de Fátima, por ocasião do centenário de Francisco Marto.

Nas páginas **www.carloacutis.com** w **www.miracolieucaristic.org** é possível visitar virtualmente os lugares em que estes milagres aconteceram e também é possível baixar diretamente os painéis. A Mostra é gratuita e é possível solicitar sua entrada através do endereço de e-mail a seguir: **info@carloacutis.com**

Ou escrevendo para:

Associazione Amici di Carlo Acutis
Via Eremo delle Carceri, 30 - 06081 Assisi
Tel: +39 347 4094968

1. (S.E. Card. Angelo Comastri, *Prefácio* para N. Gori, Carlo Acutis. Um jovem para os jovens)

Milagres Eucarísticos no mundo (https://www.miracolieucaristici.org/pr/Liste/list.html)

Refletindo um pouco mais, nessa mesma palestra, o doutor Perin diria que, para Carlo, colocar Deus acima de todas as coisas significava realizar pelo menos seis práticas, que ele recomendava a todos: desejar a santidade, assistir à missa, rezar o terço, adorar a Eucaristia, confessar-se semanalmente e rezar ao anjo da guarda. Era exatamente o mesmo que ele aconselhava às crianças da catequese. O doutor Perin era um médico prestigiado de Milão, conhecido da família e reconhecido por seu compromisso com a Igreja, e tem se mantido ligado à causa de Carlo Acutis até os dias de hoje.

Voltando à Crisma, esse sacramento tão pouco valorizado, mas que infunde o Espírito Santo e faz parte dos sete sacramentos da Igreja Católica – e que, junto com o Batismo e a Eucaristia, compõe os chamados sacramentos da "iniciação cristã" –, o vigário episcopal certamente se posicionou com as mãos estendidas sobre os jovens que receberiam a confirmação e teria pronunciado as seguintes palavras: "Deus Todo-Poderoso, Pai de Nosso Senhor Jesus Cristo, que regeneraste estes teus servos pela água e pelo Espírito Santo, libertando-os do pecado, envia sobre eles o Espírito Santo Consolador, Espírito de sabedoria e de inteligência, de conselho e de fortaleza, de ciência, de piedade e de temor de Deus. Por Cristo, nosso Senhor." Ao que todos responderam: "Amém." Em seguida, Carlo se aproximou com seu padrinho e o monsenhor o ungiu na testa com o santo crisma (um óleo consagrado), fazendo o sinal da cruz e dizendo: "Recebe por este sinal o dom do Espírito Santo." E Carlo respondeu: "Amém." Logo depois, disse: "A paz esteja contigo", e provavelmente lhe deu um leve tapinha no ombro. Isso porque, naquela época, já não se dava mais o tradicional tapa na face, já que muitos ritos litúrgicos foram modificados a partir do Concílio Vaticano II, e aquela "palmadinha do bispo", como era chamada quando eu mesmo fiz a Crisma, foi abolida em 1971. Tratava-se de um gesto simbólico, não violento, que representava que o crismado passava a ser "um soldado de Cristo".

Naquele dia, Carlo escreveu em seu diário que desejava permanecer sempre unido a Jesus, que esse era o seu plano de vida. E, algum tempo depois, afirmaria: "Deus se faz presente nos sacramentos para que possamos tocá-lo com as nossas mãos." Ao sair da igreja, vestido com um blazer azul e gravata listrada, o jovem, que já tinha os cabelos bem escuros e ondulados, tirou uma foto com seu funcionário e amigo, Rajesh Mohur, imagem que pode ser facilmente encontrada na internet. Rajesh já havia se convertido ao catolicismo e continuava repetindo que, graças a Carlo e à sua vivência espiritual, "pude ver o Deus vivo". Uma coisa extraordinária que quero contar é que, algum tempo depois, a mãe de Rajesh viajou de Maurício até Milão, visitou Lourdes com a família e também pediu o batismo. Não é incrível? A força do amor de Deus, testemunhada com fé e esperança, como dizia Carlo, é contagiante e realiza milagres.

E quando o doutor Siri falava sobre o amor que Carlo sentia pela música, eu devia ter contado algo que acabei esquecendo. Como é que pude esquecer? É que são tantas as coisas que se poderia dizer sobre Carlo, mas me pediram que fosse breve e relatasse apenas o mais importante. No entanto, não posso deixar de mencionar o saxofone. O quê? Isso mesmo, o instrumento de sopro, feito de metal, com um bocal em uma das extremidades e uma campânula na outra, passando por um tubo, que Carlo aprendeu a tocar de forma autodidata, o que prova mais uma vez não só sua habilidade com as mãos (movendo as chaves que abrem e fecham os orifícios do tubo), mas também sua perseverança e curiosidade para aprender coisas novas. Esse foi o instrumento que ele escolheu nas aulas de música do colégio. E ele se divertia fazendo soar o sax, sem muita cobrança, apenas soprando, movendo as mãos, deixando que as notas se perdessem no ar ou chegassem até seus ouvidos e descessem direto ao coração. Pessoalmente, é um dos instrumentos de que mais gosto, e me lembro dos grandes nomes como Charlie Parker, Stan Getz, Chuck Mangione ou o meu compatriota Gato Barbieri.

Mas deixemos as distrações de lado e sigamos em frente. Em setembro de 2005, aos catorze anos, Carlo iniciou o ensino médio, ou liceu, no Instituto Leão XIII, dirigido pelos jesuítas. Como todo colégio jesuíta, esse se destacava por estar centrado na formação integral dos alunos, promovendo a reflexão, a ação e o serviço ao próximo. Sei bem disso porque três dos meus filhos estudaram em colégios jesuítas. O lema do Instituto era: *Per educare alla libertà, nella verità* (Para educar na liberdade, na verdade). E como toda escola inaciana, havia um forte foco no ensino do discernimento, tanto espiritual quanto para as decisões práticas da vida. "Vou por aqui ou vou por ali?" Sabe qual é a base desse discernimento? Não? Pois eu digo: isso você pode aprender nos Exercícios Espirituais de Santo Inácio de Loyola. Mas há algo que sempre me pareceu muito claro: se a decisão que você está prestes a tomar te angustia e te oprime, isso não vem de Deus. Os exercícios de Santo Inácio ensinam, entre outras coisas, a distinguir entre consolo e desolação, buscando a orientação de Deus por meio da oração e da reflexão.

Carlo passou ali apenas um ano e dois meses, pois ingressou em setembro de 2005 e faleceu em outubro de 2006, após as férias. No entanto, podemos recorrer à opinião de vários de seus professores. Vejamos primeiro o que dizia sobre ele seu professor de religião, Fabrizio Zaggia: "Era um garoto comum, sempre alegre, decidido, com conhecimentos de informática e ideias muito claras sobre o valor e o sentido da vida. O que mais lembro e guardo com carinho é como Carlo conseguiu envolver a turma em um projeto de voluntariado, inclusive convidando para a escola um conhecido seu que usava cadeira de rodas. O projeto foi idealizado e criado por Acutis, que o filmou durante algumas das minhas aulas... Carlo estava completamente entregue ao voluntariado, tanto que durante o verão começou também a trabalhar na criação de um site sobre voluntariado, para incorporá-lo ao do Leão XIII... A mensagem de Carlo era que a vida, por qualquer ângulo que se olhasse, era sempre maravilhosa... Era muito especial o jeito como tratava os colegas... Carlo tinha uma maturidade espiritual que surpreendia... Não apenas memorizava os conteúdos: vivia o que aprendia. Quando falávamos sobre os santos, ele perguntava como imitá-los. Possuía um coração puro e uma fé profunda."

Seu professor de ciências comentou: "Ele era muito inteligente, especialmente com computação. Lembro que um dia o vi ajustando uma apresentação para outro colega que tinha dificuldades com tecnologia. Ele fazia isso em silêncio, sem buscar atenção nem reconhecimento." Por sua vez, a professora de matemática, Maria Alessandra, apesar de Carlo não gostar muito da disciplina, dizia: "Era vivaz, inteligente e de olhar profundo. Tinha muitos interesses. Não parecia particularmente apaixonado pela minha matéria. Nem sempre fazia os deveres. Justificava-se dizendo que tinha outras coisas para fazer. Só depois da sua morte repentina percebi que esse garoto realmente tinha algo muito mais importante para fazer." O padre Roberto Gazzaniga, que na época era o responsável pela pastoral do Leão XIII, respondeu, ao ser perguntado sobre Carlo: "Era tão talentoso que todos o conheciam como um garoto inteligente, mas sem despertar inveja. Sua bondade e autenticidade venciam a tendência de minimizar aqueles que têm qualidades excepcionais. Nunca escondia sua fé, era respeitoso com a posição dos outros, mas sem deixar de expressar com clareza os princípios de sua vida cristã... Era um jovem cristão feliz e autêntico." Gabriela Tona, diretora do Instituto, disse que: "Carlo tinha uma fé profunda e uma devoção especial à Eucaristia." Por fim, o professor de letras, Antonio Bertolotti, mencionou que: "Sua característica principal era a curiosidade. No começo ou no fim da aula, ele se levantava e vinha até minha mesa para me fazer perguntas."

Se analisarmos essas respostas, percebemos várias características que se repetem: inteligência, humildade, simplicidade, alegria, curiosidade, talento, coragem, iniciativa, naturalidade. Mas, claro, uma naturalidade que, como já repeti ao longo do livro, tem muito de particular, de único e inimitável, e que não é outra coisa senão a santidade normal de Carlo Acutis, que estava escondida dentro de um coração tão apaixonado por Jesus que parecia ser normal. Você acha que não conseguiria ser como ele? Vamos lá, basta tentar "estar sempre unido a Jesus". Não, não é fácil e menos ainda neste tempo em que tudo foi relativizado e os dogmas incomodam, assim como as normas e os preceitos religiosos, especialmente no Ocidente. "Pra que servem?", muitos se perguntam. "Qual é o benefício?" Porque tudo precisa ser medido e quantificado. A utilidade tem que ser o principal alimento do ego, mesmo que isso não nos torne mais felizes, mas ao menos nos deixa livres. Ainda que Jesus Cristo nos diga que *só a verdade nos fará livres*. Mas isso importa, ou não?

Morte de Carlo

Sua vida terrena estava prestes a chegar ao fim e, mesmo que você não queira, preciso falar sobre a morte de Carlo. Mas não se angustie, porque, como ele dizia:

A morte não é o fim, mas o começo da verdadeira vida ... A morte é um mistério que a todos nós espera, mas não deve ser vista como inimiga ou como um final trágico. É, antes, a porta para a vida real, a eternidade com Deus, onde já não existe dor nem sofrimento... A morte não me assusta, porque sei que depois desta vida há um abraço infinito à minha espera, o abraço do Pai, que me ama com uma ternura imensa... Viver com os olhos voltados para a eternidade não significa se afastar da realidade, mas dar um sentido profundo a cada instante, a cada decisão, a cada gesto. A esperança cristã é essa luz que brilha mesmo na escuridão, e é o que me sustenta e me impulsiona a viver plenamente.

Vou contar brevemente o que aconteceu. Era o final de setembro de 2006. Carlo tinha quinze anos. O verão em Milão ainda não queria dar lugar ao outono, pois fazia bastante calor. A família havia passado parte do verão primeiro na praia de Santa Margherita Ligure (às margens do mar da Ligúria) e depois na casa que tinham em Assis, o lugar preferido de Carlo. O jovem já havia voltado às aulas no liceu Leão XIII de Milão. "O último dia de aula de Carlo foi 30 de setembro", conta Antonia. Naquele dia, ao sair do colégio, ninguém imaginava que ele não voltaria mais à escola. Chegou em casa cansado, mas, como havia corrido muito na aula de educação física, pensaram que era só cansaço. À tarde, saíram para passear com os quatro cães da família no parque. No entanto, na manhã seguinte, quando Carlo desceu para tomar café da manhã, "notei que havia uma pequena mancha vermelha no branco do olho direito", disse Antonia. Mas aquilo não a preocupou muito, e eles saíram todos juntos para almoçar com Luana, a avó materna. Até chegaram a juntar castanhas no parque. Só que, à noite, Carlo começou a ter febre.

No dia seguinte, 2 de outubro, Antonia ligou para a pediatra e pediu que fosse até sua casa. A médica notou apenas que Carlo estava com a garganta um pouco irritada e receitou antibióticos. Ninguém se preocupou muito, já que vários colegas do liceu estavam gripados. Carlo passou o restante do dia rezando o terço com Antonia e trabalhando no computador, mesmo com a febre que não cedia. À noite, quando os pais estavam em seu quarto, Carlo disse: "Ofereço meus sofrimentos pelo Papa, pela Igreja, para não passar pelo purgatório e ir direto ao paraíso." Como esse tipo de pensamento era muito característico de Carlo, os pais não se impressionaram, pensaram até que estivesse brincando. Mas, dias antes, ele havia pedido à Virgem de Pompeia que, caso morresse, não tivesse que passar pelo purgatório, talvez assustado com os relatos de Francisco, o pastorinho de Fátima. Naquela noite, Antonia teve um sonho: estava em uma igreja e São Francisco de Assis lhe dizia que seu filho seria muito importante para a Igreja. Na quarta-feira, 4 de outubro, Carlo seguia convalescente. Não conseguiu apresentar no liceu o site que havia criado durante o verão, com o objetivo de incentivar o voluntariado entre os jovens. À tarde, ligaram para ele contando que a apresentação do site havia sido um sucesso e que todos estavam empolgados. No dia seguinte, Carlo acordou com as glândulas parótidas inchadas e foi Antonia quem percebeu ao apalpar sua face, na região próxima às orelhas. Ela voltou a ligar para a pediatra, que disse que poderia ser apenas uma inflamação e recomendou continuar com os antibióticos. Antonia passou aquelas noites dormindo sobre um colchão no chão do quarto do filho.

No sábado, 7 de outubro, Carlo acordou cedo. "Queria ir ao banheiro, mas percebeu que não conseguia se mexer. Não conseguia sair da cama. Estava sem forças", contou Antonia. Ela e o marido o levantaram e o levaram até o banheiro, mas aquela situação os alarmou e decidiram ligar para o pediatra de confiança, que recomendou levá-lo imediatamente à clínica De Marchi para fazer alguns exames. Tiveram dificuldade para tirá-lo do quarto, pois Rajesh não estava em casa naquele dia. Carlo era magro, mas alto – media um metro e oitenta e dois. Sentaram-no em uma cadeira para poder descê-lo e colocá-lo no carro. O médico que os atendeu, após os primeiros exames, deu o diagnóstico com seriedade: Carlo tinha leucemia do tipo M3, ou leucemia promielocítica, uma das mais graves. Uma doença que se manifesta de forma repentina, sem sinais prévios, fazendo com que a circulação do sangue entre em colapso. Informou que era preciso hospitalizá-lo imediatamente. Quando disseram isso a Carlo, ele respondeu: "O Senhor me deu um despertador!" E disse isso sorrindo, com grande serenidade, como se já estivesse preparado para enfrentar aquela situação. Isso acalmou um pouco seus pais. Em seguida, levaram Carlo para a UTI e colocaram um respirador, o que o deixou bastante desconfortável. Anos depois, Antonia recordaria esse momento nos tempos da covid-19, ao ver os pacientes internados com respirador. No dia seguinte, 9 de outubro, solicitaram a transferência para o Hospital San Gerardo di Monza, que possuía um centro especializado nesse tipo de leucemia. Monza fica a menos de trinta quilômetros de Milão. Ao chegar ao hospital, Carlo olhou para sua mãe e disse: "Não saio vivo daqui, se prepare."

No hospital de Monza, Carlo foi submetido a um procedimento para separar os glóbulos brancos dos vermelhos e, em seguida, foi transferido para um quarto no 11º andar, onde passaria seus últimos dias. Carlo pediu para receber a Unção dos Enfermos. Suas pernas e braços estavam inchados e cheios de líquido. Colocaram novamente o respirador, e quando as enfermeiras e o médico plantonista lhe perguntaram como estava se sentindo, ele respondeu: "Estou bem, tem gente que sofre mais do que eu." Eles se entreolharam, surpresos, pois sabiam o quanto aquela doença causava dor no estado em que Carlo já se encontrava. Antonia e a avó dormiram no hospital, embora para Antonia tenha sido difícil pegar no sono, com aquelas palavras de Carlo ecoando em sua mente: "Não saio vivo daqui, se prepare." Carlo também dizia que, se morresse, enviaria muitos sinais do céu. Dois dias depois, entrou em coma. Minutos antes, havia dito às enfermeiras que sentia um pouco de dor de cabeça, mas que estava bem. Em seguida, com um sorriso no rosto, fechou os olhos... e não os abriu mais. Carlo havia entrado em coma devido a uma hemorragia cerebral.

Clinicamente, os médicos o declararam morto no dia 11 de outubro de 2006, às 17h45, quando seu cérebro cessou completamente toda atividade. Era o dia de Santo Alexandre Sauli, um sacerdote santo do século XVI, nascido em Milão, que naquele mesmo ano havia sido designado como o santo protetor de Carlo. Poucas horas depois, às 6h45 da manhã do dia 12 de outubro, seu coração parou de bater. Era véspera da última aparição de Nossa Senhora de Fátima, por quem Carlo tinha profunda devoção. Era também o dia de Nossa Senhora do Pilar, padroeira da Espanha e, para nós, latino-americanos, o dia da chegada de Cristóvão Colombo à América, o dia da aparição de Nossa Senhora Aparecida no Brasil, e seria também, anos mais tarde, o mesmo dia da cura de Matheus, o menino brasileiro que se restabeleceria milagrosamente pela intercessão de Carlo.

Imagino a dor de seus pais, Andrea e Antonia. Perder seu único filho de maneira tão repentina, sem nenhum aviso, por conta daquela doença traiçoeira, uma leucemia fulminante. Em apenas doze dias. E posso dizer que também vivi uma experiência semelhante com a morte da minha filha mais velha, embora o processo de convalescença tenha durado quase onze anos. É uma perda irreparável, que rasga o coração, e da qual só se encontra um pouco de consolo com o passar dos anos, quando as boas lembranças começam a vencer; primeiro a tristeza, depois a saudade.

Mas é claro que Carlo sempre tinha sido uma criança especial, uma criança de Deus. Ele havia deixado muitos tesouros e graças divinas, que seus pais redescobririam ao longo do tempo. Para Antonia, certamente, viria primeiro a lembrança de seu carinho e aquele sorriso inconfundível. Para Andrea, talvez, as reflexões profundas e as palavras que Carlo transmitia com total naturalidade. Devem ter voltado para casa cheios de sentimentos contraditórios, entre lágrimas, um vazio interior e a esperança que Carlo havia semeado em sua breve passagem pela vida. Antonia descreve isso melhor do que eu, ao dizer: "Perdemos nosso único filho, uma dor imensa, mas o que nos sustentava era a esperança de que ele não desapareceria completamente de nossas vidas. Ao contrário, estaria mais perto de nós do que antes, e nos esperaria para uma vida melhor." Andrea, seu marido, anos depois declarou em uma entrevista: "Fiquei completamente na escuridão, sem referência, inclusive no que dizia respeito à fé. E depois, pouco a pouco, fomos percebendo que não. Que tudo aquilo fazia sentido, e que era parte de um plano. Isso nos acalmou. Acredito que, em meio às dificuldades, cada um recebe graças especiais que ajudam a suportar a dor. Acima de tudo, recebemos graças que nos ajudaram a compreender que não vivíamos em um jogo maluco, mas que havia um projeto de amor por trás de tudo aquilo. Isso nos trouxe uma grande paz e, com o tempo, me ajudou a curar a dor dessa separação repentina."

A coisa mais curiosa que tenho para contar é que, dias depois da morte de Carlo, Antonia, enquanto mexia no quarto dele e no computador, encontrou um vídeo gravado por ele dois meses antes. No vídeo, depois de dizer que morreria quando chegasse aos 70 quilos, Carlo afirmava: "Estou destinado a morrer." E dizia isso com um sorriso no rosto, levantando as mãos e batendo palmas.

Funeral e sepultamento

Na manhã de 12 de outubro, o hospital autorizou que levassem o corpo de Carlo para casa. Então, seu quarto se transformou em uma capela ardente. Algo curioso aconteceu: quando avisaram à sua avó, Luana, que Carlo havia falecido, ela respondeu que já sabia. Segundo contou, tinha escutado a voz de Carlo lhe dizer: "Vovó, estou no céu entre os anjos, estou muito feliz, não chore, porque estarei sempre ao seu lado." Terá sido algo real ou fruto de sua imaginação? Eu acredito nela.

Colocaram o corpo sobre a cama. A notícia se espalhou rapidamente pelo bairro, pela paróquia, pelo Leão XIII e pela escola das Marcelinas. E não apenas por ali: começou a circular por e-mails, e a casa se encheu de pessoas que iam e vinham para prestar suas homenagens. Antonia conta que, em vez de chorar, passou o tempo consolando muita gente, dizendo a todos que tivessem fé, pois Carlo tinha vivido um tipo diferente de vida. E acrescenta: "As palavras que pronunciei para consolar todas as pessoas que vieram se despedir do meu filho foram fruto de um caminho de fé iniciado há anos, um caminho que começou sobretudo graças a Carlo, um caminho que abriu minha mente a novas perspectivas sempre iluminadas pela Palavra de Deus..." "Senti Carlo por perto, e que, enquanto consolava os outros, não estava mentindo. Carlo estava realmente presente, embora misteriosamente, perto de mim. Carlo estava vivo, mas em outra dimensão."

O dia do funeral, 14 de outubro, segundo contam, foi de sol forte e muito calor. Os funcionários da funerária colocaram o corpo de Carlo no caixão e o levaram até o carro que o conduziria à igreja. Ao vê-los saindo do quarto, Antonia se lembrou de uma frase de Carlo: *De cada decepção, sempre nascerá um novo sonho*. Já na rua, o carro preto partiu em direção à Santa Maria Segreta, que ficava bem perto. "Assim que o carro desapareceu da minha vista, fui tomada por uma profunda sensação de melancolia e dor", disse Antonia. Ela, Luana e uma tia de Carlo seguiram a pé. A igreja estava lotada. Tanta gente que, durante a missa, muitos tiveram que ficar do lado de fora. Antonia não conseguia reconhecer todas as pessoas presentes: havia colegas da escola, crianças da catequese, andarilhos e mendigos que Carlo ajudava sem que ninguém soubesse, além de vários rostos que pareciam migrantes estrangeiros de religião muçulmana. O pároco falou com muito carinho sobre Carlo e, assim que a missa terminou, já por volta do meio-dia, os sinos da igreja começaram a tocar, como se Carlo quisesse convidar a todos para participar da festa que havia começado no céu.

Segundo Antonia, durante o funeral aconteceram os

primeiros milagres por intercessão de Carlo. Uma senhora com câncer de mama, que ainda nem havia iniciado o tratamento com quimioterapia, invocou Carlo e foi curada por sua intercessão. Outra mulher, de 44 anos, que tinha vindo de Roma para o funeral e não conseguia ter filhos, também rezou para ele e, poucos dias depois, engravidou. A partir da morte de Carlo, de forma inexplicável, muitas pessoas começaram a pedir sua intercessão. Primeiro por causa das histórias que corriam por Milão, e depois porque sua fama se espalhou por toda a Itália, como acontece agora no mundo inteiro. Caso contrário, eu mesmo não teria conhecido Carlo, nem teria depositado minha fé em sua preciosa intercessão. Inclusive, há poucos dias, fui com minha esposa à igreja de Nossa Senhora do Pilar, em Buenos Aires, onde há algumas relíquias de Carlo, para pedir por sua cura.

Depois da missa, o féretro foi levado ao cemitério de Ternengo. Levaram-no para lá porque não houve tempo de providenciar os trâmites necessários para atender imediatamente ao desejo de Carlo, que era ser enterrado em Assis. Em Ternengo, a família de Antonia, por parte da avó, possuía um jazigo familiar. Trata-se de um pequeno vilarejo próximo a Biella, na região do Piemonte, no norte da Itália. Encravado nas montanhas, aos pés dos majestosos Alpes, é cercado por vales verdes repletos de vinhedos. Carlo costumava ir com a mãe a Ternengo, que fica a pouco mais de uma hora de Milão, e lá aproveitava para fazer trilhas e apreciar a natureza, a montanha, assim como fazia também na casa do avô paterno, localizada em Gstaad, na Suíça.

Três meses depois, em janeiro de 2007, o corpo de Carlo foi trasladado para o cemitério municipal de Assis, cumprindo-se, assim, seu desejo de ser sepultado ali. "Carlo me disse que, se morresse, gostaria de ser enterrado em Assis. Era o lugar do coração dele. Amava São Francisco e sentia que ali estava sua casa espiritual." Para decorar o túmulo, haviam comprado uma escultura de bronze que representava uma Pietà, adquirida nas proximidades do cemitério de Milão. Na Pietà, como a que está na Basílica de São Pedro, no Vaticano, a Virgem sustenta o corpo de seu filho. Sempre que fui à basílica, essa escultura de Michelangelo volta a me comover, não tanto pelo olhar perdido de Maria, mas pelo corpo machucado de Jesus.

Imagino a dor de Andrea e Antonia ao sepultá-lo novamente, depois de alguns meses sentindo sua ausência em casa. No entanto, anos mais tarde, segundo uma profecia de Carlo, Antonia voltaria a engravidar e daria à luz a lindos gêmeos: Francesca e Michele (Francisca e Miguel). O inacreditável dessa história é que eles nasceram no dia 12 de outubro de 2010, exatamente quatro anos após a morte de Carlo. Sua mãe declarou, ao se referir a esse presente do céu: "No mesmo dia em que Carlo subiu ao céu, nasceram seus irmãos. É como se ele os tivesse trazido de lá."

Antonia contou, em uma entrevista em 2023, que os gêmeos são muito diferentes de Carlo, mas que ela e Andrea mudaram a forma de educá-los. "Eles se parecem mais com meu marido, são mais reservados, mais tímidos. Mas têm um grande senso de eternidade; compreendem a importância de viver uma vida coerente com os mandamentos de Deus. Não querem ofender a Deus. Por isso vão à missa todos os dias, rezam o terço e participam da adoração eucarística. Fazem isso porque querem, não porque os obrigamos. Claro que, para chegar a isso, a participação da família é muito importante. Começamos a rezar com eles quando tinham três anos. Começamos a ler para eles as histórias dos santos, a história da Virgem Maria..." Como você pode ver, os conselhos que Carlo dava começaram a ser seguidos pelos próprios pais, com os dois irmãozinhos que ele nunca chegou a conhecer.

Rumo aos altares

Gostaria de explicar agora, se me permite, como se inicia qualquer processo de beatificação na Igreja Católica, para que possa compreender o que aconteceu depois da morte de Carlo. A primeira coisa é a "fama de santidade" da pessoa. Isso surge, geralmente, pelos comentários daqueles que a conheceram. No caso de Carlo, a fama não vinha apenas de seus familiares, amigos e colegas, mas também, inexplicavelmente, do popularidade que foi adquirindo por meio da internet. Essa "fama de santidade" é um reconhecimento de que a pessoa viveu de forma exemplar a fé cristã. E, como já contei, ele desenvolveu suas virtudes teologais e cardeais de maneira evidente, fora do comum. No caso de Carlo, os comentários circulavam com muita força especialmente em Milão e em Assis, para onde começaram a chegar peregrinos, sobretudo jovens, para visitar seu túmulo.

A partir disso, e normalmente cinco anos após a morte da pessoa (salvo quando há uma autorização especial), um grupo de fiéis ou uma diocese apresenta um pedido formal ao bispo local do lugar onde o candidato faleceu, a quem se chama de "ator da causa". No caso de Carlo, como ele morreu em Milão, a causa foi iniciada pelo cardeal Angelo Scola, arcebispo de Milão, em 12 de outubro de 2012, seis anos após sua morte. Em seguida, o bispo pede à Santa Sé o que se conhece como *Nihil Obstat* (nada se opõe), para que se possa iniciar formalmente a causa. Essa autorização foi concedida em 13 de maio de 2013. Assim teve início a primeira fase da investigação diocesana, e Carlo passou a ser chamado de "Servo de Deus". Essa etapa consiste na coleta de toda a documentação possível (cartas, escritos, diários pessoais, e-mails etc.), que são analisados para verificar se não contêm erros doutrinais em relação à fé católica e ao magistério da Igreja. Depois, segue-se uma etapa de entrevistas com testemunhas da vida do candidato (pais, avós, sacerdotes, catequistas, colegas de escola, amigos, vizinhos, empregados da casa etc.). Essas pessoas devem declarar o que viram ou experimentaram das virtudes do candidato. Posteriormente, constitui-se um tribunal diocesano composto por um delegado episcopal, que atua como juiz principal; um promotor de justiça, que faz o papel do "advogado do diabo"; e um notário (escrivão), que certifica todos os testemunhos.

Quando se conclui a coleta de todos esses elementos (o que ocorreu entre 2013 e 2016), eles são enviados à Congregação para as Causas dos Santos, que hoje é um Dicastério. Nesse momento, o tribunal diocesano é dissolvido e a Santa Sé designa um Relator, que trabalhará em conjunto com o Postulador para redigir o que se chama de *Positio*. Esse documento descreve toda a vida do candidato e as razões que justificam sua postulação, assim como os possíveis milagres que lhe são atribuídos. No caso de Carlo, o Postulador foi o jornalista do *L'Osservatore Romano*, Nicola Gori (que escreveu alguns livros sobre ele), escolhido por sua família e pela diocese de Milão. Do mesmo modo, em 8 de junho de 2017, o Vaticano nomeou como Relator o sacerdote franciscano capuchinho Pe. Vincenzo Criscuolo. O Relator trabalha com o Postulador na redação, como já disse, da *Positio*, que no caso de Carlo foi finalizada em 2018. Seu papel é fundamental. Na verdade, o nome completo desse documento é *Positio super vita, virtutibus et fama sanctitatis* (Posição sobre a vida, as virtudes e a fama de santidade). Sim, eu sei, os nomes em latim são complicados, mas penso que pode ser interessante para você que eu conte tudo com o maior número de detalhes possível. O Relator acompanha a *Positio* com seu voto, no qual argumenta os motivos pelos quais o candidato deve ser declarado "Venerável". Toda essa documentação é, então, encaminhada à comissão de teólogos consultores do mencionado Dicastério. Em geral, essa comissão é composta por bispos e cardeais. Se o voto deles também for favorável, o Papa pode autorizar a promulgação do decreto das virtudes heroicas, o que, no caso de Carlo, aconteceu em 5 de julho de 2018.

A partir desse momento, estuda-se o milagre atribuído

ao “Venerável”, para que ele possa ser considerado para a beatificação. O milagre, como contarei a seguir, foi o que aconteceu em 2013 com um menino brasileiro. Foi assim que, em 21 de fevereiro de 2020, o papa Francisco aprovou o milagre ocorrido no Brasil e atribuído à intercessão de Carlo Acutis, o que lhe permitia, então, ser beatificado. Isso é tudo? Pois é, mas, como você verá, leva anos para passar de “Servo de Deus” a “Venerável”, e depois a “Beato”, para então, muitos anos depois, finalmente ser considerado “Santo”. Calcula-se que o número de santos e beatos, incluindo os mártires, que a Igreja Católica reconhece, gira em torno de 10.000. Destes, durante o pontificado do Papa Francisco, foram canonizados 942 santos e mártires, e beatificadas 1.541 pessoas – mais de 20% de todos os reconhecidos nos dois mil anos de história da Igreja. Por que ele acelerou tantas causas? Pessoalmente, acredito que tenha feito isso para reacender um pouco a fé.

Lembro que, quando eu era criança, minha família comprava uma revista chamada *Vidas Exemplares*. Nas edições dessa revisão, contavam-se as histórias dos santos, e eu gostava muito de lê-las. Faziam a gente pensar na existência de Deus e na vida de santidade. Depois, essas revistas acabaram sumindo, provavelmente porque deixaram de ser rentáveis com o surgimento da televisão, quando muitos deixaram de ler para apenas contemplar as imagens que apareciam na tela. No caso de Carlo, sua mãe contou que ele gostava muito de ler *O Pequeno Príncipe*, o livro do escritor e aviador francês Antoine de Saint-Exupéry, que caiu com seu avião no deserto do Saara. A história começa justamente com um piloto que sofre uma queda no deserto e encontra um menino que lhe pede: "Por favor, desenhe um carneiro para mim." Será que era por causa do carneiro que Carlo gostava tanto dessa história? Ou seria por aquela frase que diz que "o essencial é invisível aos olhos"? Não sei... Mas enfim, esse foi o processo da causa de Carlo, e agora quero contar qual foi seu primeiro milagre reconhecido pela Igreja.

Primeiro milagre oficial

Embora, como já contei, desde o dia da morte de Carlo, muitos milagres tenham sido atribuídos à sua intercessão, inclusive durante o próprio funeral, aqui quero falar do primeiro milagre reconhecido oficialmente pela Igreja no processo de sua beatificação. E, sobre essa questão dos milagres dos santos e beatos, é importante destacar que se trata da intercessão deles para que Deus aja. Ou seja, o santo, por si só, não realiza milagres, mas é por meio de sua súplica diante de Deus que eles acontecem. O melhor exemplo a que posso recorrer é o do apóstolo São Pedro que, segundo o livro dos Atos dos Apóstolos, realizou o primeiro milagre depois da morte de Jesus e em seu nome.

Vamos, então, ler esse trecho: *"Pedro e João iam subindo ao Templo para a oração das três horas da tarde, quando viram trazer um homem, coxo de nascença. Costumavam colocá-lo todos os dias na porta do Templo chamada Formosa, para pedir esmola aos que entravam no Templo. Quando viu Pedro e João entrando no Templo, o homem pediu uma esmola. Pedro e João olharam bem para o homem. E Pedro disse: 'Olhe para nós.' O homem olhou os dois com atenção, esperando receber alguma coisa. Então Pedro disse: 'Não tenho ouro nem prata, mas o que tenho eu lhe dou: em nome de Jesus Cristo, o Nazareno, levante-se e comece a andar!' Depois Pedro pegou a mão direita do homem e o ajudou a se levantar. Na mesma hora, os pés e tornozelos do homem ficaram firmes. Então ele deu um pulo, ficou de pé e começou a andar. E entrou no Templo junto com Pedro e João, andando, pulando e louvando a Deus"* (Atos 3,1-8). Todo o povo que conhecia o paralítico ficou impressionado e correu até Pedro e João para tocá-los. Mas Pedro logo explicou que aquilo não vinha dele, dizendo: *"Por que vos admirais disso? Por que olhais para nós como se fosse por nosso próprio poder ou piedade que fizéssemos este homem andar?"* E acrescentou que aquilo era obra de Jesus, aquele mesmo que eles haviam rejeitado.

Pois bem, deixemos São Pedro por aqui, embora valha lembrar que, por sua intercessão, uma menina foi ressuscitada em Jope, e que muitos outros milagres ocorreram graças à intercessão dos apóstolos. Mas sempre, sempre em nome de Jesus. Portanto, acreditar que graças, inclusive milagres, possam ser concedidas por intercessão de Carlo Acutis não deveria causar dúvida a ninguém. E é exatamente isso que quero contar agora. Ocorreu em 2013, em Vila Margarida, Campo Grande, no estado de Mato Grosso do Sul, no Brasil. Naquela época, o processo de beatificação de Carlo já havia sido aberto no Vaticano, não por causa de milagres, mas, sim, por suas virtudes heroicas. Antonia Salzano, mãe de Carlo, havia começado a distribuir relíquias de seu filho para várias paróquias ao redor do mundo, promovendo sua história e o testemunho de sua vida cristã.

O menino que foi curado se chama Matheus Lins Vianna, nascido em 2010. Quando Matheus tinha apenas 2 anos, os médicos diagnosticaram nele uma doença congênita rara chamada pâncreas anular. Essa anomalia faz com que o pâncreas se desenvolva ao redor do duodeno (parte inicial do intestino delgado), obstruindo a circulação normal dos alimentos. Os sintomas eram vômitos constantes e dores abdominais, pois o anel pancreático comprimia o duodeno e impedia que a comida saísse do estômago. Em geral, esse tipo de doença requer cirurgia, mas no caso de Matheus, os médicos desaconselharam a operação por considerarem o risco de morte elevado. Diante disso, ele foi colocado em uma dieta líquida restrita, o que provocou uma queda significativa de peso e altura, incompatíveis com o esperado para sua idade.

Sua mãe, Luciana Lins Vianna, viveu desesperada por muitos anos, até Matheus completar 6 anos. Então, através do pároco da igreja de São Sebastião de Campo Grande, ela ouviu falar de Carlo Acutis, porque a paróquia havia recebido uma relíquia do jovem italiano (um fragmento de tecido de sua roupa). O padre Marcelo Tenório recomendou que ela fizesse a novena a Carlo, que é a mesma que incluo no Devocional deste livro.

Durante os nove dias, a mãe de Matheus cumpriu as orações. Terminou a novena no dia 12 de outubro, dia da morte de Carlo, mas também o dia em que é celebrado, no Brasil, sua padroeira, Nossa Senhora Aparecida. O padre Tenório havia dito aos paroquianos de Vila Margarida que naquele dia haveria bênçãos na capela da vila, chamada precisamente Nossa Senhora Aparecida, e que eles poderiam tocar a relíquia de Carlo.

Ouçamos o relato do padre Tenório: "No dia 12 de outubro de 2013, na capela de Nossa Senhora Aparecida, pertencente à nossa paróquia de Campo Grande, no momento da bênção com a relíquia, aproximou-se um menino acompanhado por seu avô. A criança sofria de pâncreas anular, uma doença congênita que vinha sendo tratada. Essa enfermidade fazia com que ele vomitasse o tempo todo, o que o debilitava profundamente, pois ele devolvia tudo o que comia, até mesmo líquidos. Já usava uma toalhinha, pois a situação era grave. Cada vez mais enfraquecido, caminhava para uma morte certa. Durante a bênção, o menino perguntou ao avô o que devia pedir, e este lhe disse que rezasse para parar de vomitar. E assim aconteceu. Quando chegou sua vez, o menino tocou a relíquia de Carlo e disse com voz firme: 'parar de vomitar.' E, a partir de então, nunca mais vomitou."

Segundo o testemunho da mãe e do avô, ao chegar em casa, Matheus pediu que lhe dessem uma feijoada – arroz, feijão, carne e batata frita –, e não vomitou. Era inacreditável, mas continuou alimentando-se normalmente todos os dias. Depois, em fevereiro de 2014, ele passou por novos exames médicos, e os resultados mostraram que não havia mais nenhuma anomalia no pâncreas, que ele estava completamente curado. Como não existia nenhuma explicação científica para o ocorrido, toda a documentação do caso foi enviada ao Vaticano. Finalmente, o Papa Francisco reconheceu oficialmente o milagre no dia 21 de fevereiro de 2020, abrindo o caminho para a beatificação de Carlo Acutis. O padre Marcelo Tenório passou a ser o vice-postulador da causa, e a fama de Carlo Acutis, assim como a do milagre, se espalhou por todo o Brasil.

Matheus Lins Vianna, hoje com 15 anos, vive com a avó em Campo Grande, pois sua mãe faleceu. Ele não viajou para Assis no dia da beatificação por causa das restrições sanitárias impostas pela pandemia da covid-19.

Exumação do corpo

O que aconteceu com o corpo de Carlo? Pois bem, o corpo dele permaneceu no cemitério municipal de Assis até o dia 23 de janeiro de 2019, quando foi exumado. Por que foi exumado? Por um lado, como já contei, muita gente peregrinava até Assis para visitar o túmulo de Carlo, já que sua fama de santidade havia se espalhado pelo mundo; por outro, o processo de beatificação seguia avançando e o "Servo de Deus" já havia sido declarado "Venerável". Por isso, é costume da Igreja Católica proceder à exumação do corpo da pessoa envolvida, com o consentimento da família, por diversos motivos: para comprovar a identidade da pessoa em questão; para verificar o estado do corpo (se está incorrupto, íntegro ou consumido); para planejar seu translado a um local mais adequado para veneração, já que, sendo "Venerável", era evidente que não poderia continuar naquele túmulo municipal, tanto por questões administrativas do cemitério quanto pelo fluxo crescente de peregrinos.

Contudo, isso não significa que, se o corpo não estiver incorrupto, o "Venerável" não possa ser canonizado. Mas, se o corpo estiver incorrupto ou ao menos apresentar algum grau de integridade, isso é considerado um sinal especial da graça de Deus. Além disso, durante esse processo, é comum também que se obtenham relíquias. Quais tipos? Relíquias de primeiro grau: são as mais sagradas e valiosas, pois vêm diretamente do corpo. Incluem: cabelo (*ex capelli*), sangue (*ex sanguine*), ossos (*ex ossibus*) ou carne (*ex carne*). Relíquias de segundo grau: são objetos que o beato ou santo usou em vida. Os mais comuns são vestimentas (*ex indumentis*) e utensílios pessoais (*ex utensilia*). Relíquias de terceiro grau: talvez as menos valiosas, são objetos que tocaram relíquias de primeiro ou segundo grau.

Dizem que as relíquias dos santos e mártires começaram a ser preservadas na época das perseguições aos primeiros cristãos, quando era difícil esconder os corpos dos que morriam pela fé, e os fiéis queriam guardar algum sinal ou lembrança desses homens e mulheres considerados testemunhas heroicas de Cristo. Assim, surgiu a prática de preservar partes de seus corpos ou objetos pessoais, para posterior veneração, prática que teve forte expressão nas catacumbas romanas, onde essas relíquias eram cuidadosamente guardadas e respeitosamente cultuadas. Com o tempo, tornou-se comum que altares fossem erguidos sobre os túmulos dos mártires, ou que relíquias fossem colocadas dentro dos altares, como forma de consagrar espiritualmente aquele lugar. Essa tradição permanece até hoje: quando se consagra um novo altar, é desejável incluir relíquias de santos, geralmente em uma cavidade no interior do altar, sob a "mesa" onde se celebra a Eucaristia, de forma visível ou oculta. Isso também representa a consagração da igreja àquele santo específico. Daí nasceu a tradição de compartilhar relíquias entre diferentes igrejas, fortalecendo a comunhão espiritual entre comunidades cristãs.

As relíquias dos santos são vistas como sinais daquilo que foram seus corpos, recordando sua condição humana. Na presença das relíquias, torna-se mais fácil evocar a vida e a santidade desses homens e mulheres, e Deus pode se servir desses sinais para manifestar sua presença, seu poder e sua glória. Por isso, a atitude correta diante de uma relíquia é sempre de veneração e respeito, nunca de adoração, já que a adoração é devida somente a Deus. Normalmente, é o Postulador da causa quem recebe do bispo a missão de certificar as relíquias, emitindo um documento oficial de autenticidade para que possam ser distribuídas corretamente e não haja comércio, falsificação ou engano em relação a elas.

Mas voltemos a Carlo e à exumação de seu corpo. Em 23 de janeiro de 2019, estiveram presentes no cemitério: seus pais, Andrea e Antonia; uma equipe médico-legal encarregada de certificar o estado dos restos mortais; notários e testemunhas, para garantir a transparência do ato e o cumprimento da normativa canônica; o Postulador da causa, Nicola Gori; o padre Gonçalves Ferreira, reitor do Santuário do Despojamento (*Santuario della Spogliazione*), local reservado para a futura exposição do corpo do santo; o bispo da região, Dom Domenico Sorrentino, que presidiu a cerimônia e mais tarde assinaria os documentos com os resultados obtidos; e um grupo de fiéis devotos, que permaneceram à distância da sepultura, aguardando notícias. Circularam diversas versões sobre o estado do corpo. A primeira informação que surgiu foi de que Carlo estaria "incorrupto", mas essa notícia não era verdadeira e logo foi desmentida.

Diante da confusão, o postulador da causa, Nicola Gori, declarou no dia seguinte: "Na quarta-feira, 23 de janeiro, os restos mortais do venerável Carlo Acutis, de acordo com as normas canônicas, foram exumados e transferidos para um local apropriado, com vistas à sua transladação ao Santuário do Despojamento de Assis, prevista para os dias 5 ou 6 de abril. Com relação ao estado de conservação do corpo, é prematuro qualquer julgamento, já que estão em andamento as devidas verificações por parte da equipe médica." Da mesma forma, no site da Associação dos Amigos de Carlo Acutis, foi feito um pedido aos devotos: "Que sejam discretos e se abstenham de divulgar qualquer notícia infundada que vá além da devoção a Carlo, em conformidade com as atuais normas canônicas que ainda não permitem o culto público."

Posteriormente, o reitor do Santuário do Despojamento afirmou: "O corpo se encontra em um estado muito íntegro, não intacto, mas íntegro. Conserva todos os órgãos." Depois que o corpo foi transferido para seu local de descanso definitivo (pois antes havia sido levado à cripta da Basílica Inferior de São Francisco de Assis para ser preparado), o bispo de Assis declarou: "No momento da exumação no cemitério de Assis, realizada em 23 de janeiro de 2019, para sua transladação ao Santuário, o corpo se encontrava no estado de transformação típico de um cadáver. Contudo, embora transformado, ainda apresentava todas as partes anatomicamente conectadas. O corpo foi tratado com as técnicas de conservação e integração habitualmente empregadas para dignificar os corpos dos beatos e santos, a fim de que possam ser venerados pelos fiéis. Uma operação, realizada com maestria e carinho, foi a reconstrução facial com uma máscara de silicone. Também foi possível recuperar a preciosa relíquia do coração, que seria utilizada no dia da beatificação."

Aqui convido novamente a fazer uma pausa. Por quê? Pois é evidente que, naquele momento, houve uma certa confusão inicial entre o desejo dos fiéis devotos e os relatórios dos investigadores. Todos queriam ver um corpo incorrupto, mas já era bastante o fato de que ele estivesse íntegro, ou seja, com suas partes anatomicamente conectadas e todos os órgãos preservados. O que acontece é que, na história da Igreja, existem muitos casos de corpos encontrados "incorruptos" após a exumação, décadas ou até séculos depois. Cito aqui alguns dos casos mais conhecidos: Santa Bernadette Soubirous (a vidente de Lourdes); São Silvano de Troina (um dos casos mais antigos de incorrupção corporal); São Vicente de Paulo (cujo corpo ainda é exposto na capela da Congregação da Missão em Paris); Santa Catarina Labouré (a da Medalha Milagrosa); São João Maria Vianney (o santo Cura d'Ars). Quer que eu continue? Pois asseguro que há muitos outros casos.

Sigamos agora para o tema das relíquias e por que motivo foi retirado o coração de Carlo Acutis. Essa também é uma tradição muito antiga na Igreja Católica. Por um lado, uma parte do corpo é retirada para ser venerada como relíquia em um local específico; por outro, o resto do corpo permanece exposto em outro lugar. Quer exemplos? O corpo de Santa Catarina de Siena (padroeira da Itália e também da Europa) está na Basílica de Santa Maria sopra Minerva, em Roma, mas sua cabeça está na Basílica de São Domênico, em Siena. Sim, por mais estranho que pareça. Outro exemplo é o de São Carlos Borromeu, arcebispo de Milão, cujo corpo está no Duomo de Milão (a catedral), mas seu coração está na Basílica de Santi Ambrogio e Carlo al Corso, em Roma. E o corpo de São Vicente de Paulo está numa urna na Casa-Mãe da Congregação da Missão, em Paris, mas seu coração está separado e é venerado na Casa das Filhas da Caridade (ramo feminino da Congregação), também em Paris.

Assim, finalmente, o coração de Carlo foi destinado a se tornar uma relíquia na antiga catedral de São Rufino, em Assis, o mesmo local onde São Francisco foi batizado. Já o corpo de Carlo foi trasladado em 6 de abril de 2019 para um sarcófago na igreja de Santa Maria Maggiore, também conhecida como "Della Spogliazione" (do Despojamento), também em Assis, local onde se supõe que São Francisco tenha ficado nu diante do pai, em sinal de renúncia total. O sarcófago, uma urna de vidro e mármore, tem um vidro frontal irregular que permite ver o corpo do beato. Carlo está vestido com jeans, tênis e um moletom esportivo. Tem o terço entre as mãos. Seu rosto foi reconstruído com uma máscara de silicone, que o apresenta com uma expressão de paz. A máscara foi feita com base em fotos de Carlo e estudos anatômicos do seu rosto. Na parede, encontra-se a mesma inscrição que está na catedral de São Rufino, no relicário onde repousa seu coração. Você já a imagina: "*L'Eucaristia è la mia autostrada per il cielo.*" ("A Eucaristia é a minha estrada para o céu.")

Beatificação

No dia 10 de outubro de 2020, às 16h30, foi realizada a cerimônia de beatificação de Carlo Acutis, em Assis.

Proponho algo a você. Vamos reviver esse momento juntos. Caminhemos pelas ruelas de pedra de Assis. É uma tarde linda. Com uma serenidade que contagia o ar puro que circula pelas colinas do Monte Subásio. Infelizmente, ainda estamos em meio à pandemia da covid-19. O mundo inteiro sofreu suas consequências devastadoras. Ainda há muito medo em toda parte. Já são centenas de milhares de mortos, embora, desde maio, os índices tenham diminuído na Itália. Ainda me lembro do Papa Francisco, na Sexta-Feira Santa, atravessando sozinho a Praça de São Pedro, carregando a cruz.

Colocamos nossas máscaras. As pessoas se cumprimentam com um toque de punhos e falam pouco. Não sei como, mas consegui que entrássemos na Basílica Papal de São Francisco de Assis. Do lado de fora, há centenas de pessoas sentadas em cadeiras dispostas sobre o gramado da encosta que leva até a basílica. Antes de entrar, contemplamos as colinas que tanto atraíam Carlo. Aqueles que estão do lado de fora terão que acompanhar a cerimônia por um telão. Nós fomos privilegiados, eu diria até agraciados, por Carlo. Antes de a missa começar, os celebrantes chegam em procissão: o cardeal Agostino Vallini e o bispo Domenico Sorrentino lideram o cortejo, acompanhados por bispos, padres, diáconos e coroinhas. O incenso sobe em espirais do turíbulo, e a grande cruz processional abre o caminho.

Felizmente fomos colocados no banco atrás de Antonia, Michele, Francesca e Andrea, os familiares de Carlo. Agradeço a Carlo por escrever este livro. Antonia está vestida de preto, Michele com um terninho azul, a menina também de preto e Andrea de terno azul, camisa branca e gravata azul combinando. Observe esta basílica longa e estreita, belíssima e revestida de afrescos com cenas da vida do Pobrezinho de Assis. Sim, de Francisco. Os tetos são abobadados em forma de cruz latina e há colunas góticas. É linda. Atrás do altar há uma imagem grande de Carlo coberta por um tecido ou véu branco. Abaixo, um arranjo floral amarelo. Sobre o altar, quatro enormes castiçais prateados com velas acesas, dois de cada lado. Tudo está pronto para a cerimônia. O órgão começa a tocar e o coro inicia seu canto quando a procissão entra no templo. Nos bancos, estamos dispostos de três em três, todos com máscara. A única exceção é o banco da família, onde estão quatro: os pais e os gêmeos. Nas laterais da igreja foram adicionadas duas longas fileiras de cadeiras, duas de cada lado, junto aos bancos. Há alguns fotógrafos e câmeras de televisão registrando tudo.

O cardeal Agostino Vallini, representante pontifício para a cerimônia, usa sua mitra, aquele adorno alto e pontudo que indica sua hierarquia, e veste casula e estolas brancas com bordados dourados para presidir a celebração. Ao chegar ao altar, os celebrantes balançam o turíbulo com o incenso. Por favor, não tussa. Sei que o cheiro do incenso não faz bem, sobretudo quando tem muita mirra, mas lembre-se de que ele simboliza a oração dos fiéis sendo levada aos céus, até Deus. Depois, eles beijam o altar e a missa começa. O cardeal nos convida a fazer o sinal da cruz: em nome do Pai, do Filho e do Espírito Santo. Já sei, você deve estar pensando que seria uma loucura eu narrar toda a cerimônia. Pois bem, depois da oração penitencial e do canto do Kyrie Eleison, dá-se início ao rito da beatificação de Carlo.

O bispo de Assis, Dom Domenico Sorrentino, aproxima-se do altar, enquanto o cardeal permanece sentado de frente para os fiéis, e lhe pede que declare formalmente Beato Carlo. Em seguida, quem se aproxima é o Postulador da causa, Nicola Gori, que lê uma breve biografia de Acutis. Antonia parece um pouco nervosa, porque movimenta as mãos sobre o livreto que nos deram para acompanhar a cerimônia. Posso ver que ela carrega um terço enrolado no pulso direito. O cardeal se levanta e lê o decreto papal:

Decreto de Beatificação: Nós, acolhendo o desejo de nosso irmão Dom Domenico Sorrentino, Arcebispo e bispo de Assis-Nocera Umbra-Gualdo Tadino, assim como de muitos outros irmãos no episcopado e de numerosos fiéis cristãos, após termos recebido o parecer favorável da Congregação para as Causas dos Santos, concedemos que o Venerável Servo de Deus, Carlo Acutis, leigo, que com o ardor de sua juventude cultivou a amizade com Jesus, participando cotidianamente da Eucaristia e dedicando-se com zelo ao testemunho da caridade cristã, de agora em diante seja chamado Beato, e que se possa celebrar sua memória a cada ano no dia 12 de outubro, nos lugares e segundo as normas estabelecidas pelo Direito.

Dado em Roma, junto a São Pedro, no dia 10 do mês de outubro do ano do Senhor de 2020, oitavo de nosso Pontificado. Franciscus. (Papa Francisco).

Neste momento, os sinos da basílica começam a tocar e todos começamos a aplaudir, enquanto o véu branco que cobria o grande quadro com o retrato de Carlo Acutis, pintado por Francesco Currà, é descido. Ele é oficialmente beato! O coro entoa: "Amém, Amém, Amém. Que essa seja a vontade do Senhor." Seus pais se olham, emocionados. Lá está o jovem de cabelos pretos encaracolados, sorrindo como sempre, vestindo sua típica camiseta vermelha com gola azul e carregando a mochila nas costas. É muito bonito, como tantas vezes disse Rajesh, e certamente faria muito sucesso com as garotas, mas seu caminho era outro, mesmo que isso não seja fácil de compreender. Seu projeto de vida já estava traçado muitos anos antes desta cerimônia, antes dos aplausos, dos sinos repicando, do cheiro de incenso ainda pairando no ar e do murmúrio que vem lá de fora, onde os peregrinos e participantes da missa também se levantaram para aplaudir e alguns, ajoelhados, choram. *Estar sempre unido a Jesus, esse é o meu projeto de vida*, repetia Carlo sem cessar.

O que acontece agora? Uma nova procissão, desta vez avançando desde o fundo da igreja. Um diácono e seu acólito carregam a urna dourada que contém o coração de Carlo. Atrás deles, caminham Andrea e Antonia. O cardeal tira a mitra e fica apenas com o solidéu vermelho. Em seguida, toma a urna com o coração de Carlo, visível através do vidro, e a coloca sobre uma pequena mesa alta, decorada com flores brancas que simbolizam a pureza. Os pais de Carlo, de mãos dadas diante da relíquia, fazem uma reverência com a cabeça. Está vendo? A urna dourada traz a inscrição: "Eucaristia. Estrada para o céu." Parece que Antonia murmura uma oração e que Andrea chora, comovido. Sim, você pode ter razão. Talvez eu esteja imaginando isso, já que estão de costas. Agora, Dom Sorrentino lê uma oração: *Damos graças ao Senhor por este coração que amou Jesus na Eucaristia, amou os pobres e amou a Igreja. Que esse coração também arda em nós.*

Em seguida, vemos os pais de Carlo se aproximarem para cumprimentar o cardeal, que os abraça a ambos e lhes aperta os ombros, primeiro a Antonia, depois a Andrea, que continua visivelmente emocionado. Enquanto isso, nós voltamos a aplaudir e o coro canta suavemente: "Prova de amor maior não há, que doar a vida..."

A cerimônia prossegue com o que chamamos de liturgia da palavra. Com uma primeira leitura do profeta Isaías, feita por uma mulher; o belíssimo salmo 22, cantado maravilhosamente por uma jovem; e a segunda leitura, desta vez lida por um homem, que é uma carta do apóstolo São Paulo aos Filipenses. Depois, é proclamado o evangelho de São João, capítulo 15, que fala da videira e dos ramos. "Eu sou a videira verdadeira, e meu Pai é o agricultor." Em seguida, chega a tão esperada homilia do cardeal Vallini:

"Quem permanece em mim e eu nele, esse dá muito fruto, pois sem mim nada podeis fazer.'"Com essas palavras que ouvimos do evangelho de João, Jesus, durante a Última Ceia, dirige-se a seus discípulos e os exorta a permanecerem unidos a Ele como os ramos à videira. A imagem da videira e dos ramos é muito expressiva para ilustrar o quanto é essencial, para o cristão, viver em

comunhão com Deus. Sua força está justamente aí: ter uma relação pessoal com Jesus, íntima, profunda, e fazer da Eucaristia o ponto mais alto dessa relação com Deus.

Queridos irmãos e irmãs, hoje nos sentimos especialmente admirados e tocados pela vida e pelo testemunho de Carlo Acutis, que a Igreja reconhece como modelo e exemplo de vida cristã, propondo-o sobretudo aos jovens. É natural nos perguntarmos: o que havia de especial nesse jovem de 15 anos? Ao percorrermos sua biografia, encontramos alguns traços marcantes que já o definem humanamente. Era um jovem comum, simples, espontâneo, simpático – basta olhar sua foto –, amava a natureza e os animais, jogava futebol, tinha muitos amigos da sua idade, sentia-se atraído pelas maneiras modernas de se comunicar socialmente, era apaixonado por informática e, de forma autodidata, criou programas, como disse o Papa Francisco, "para transmitir o Evangelho, comunicar valores e beleza". Tinha o dom de atrair as pessoas e era visto como um exemplo.

Desde pequeno, como testemunha sua família, sentia a necessidade da fé e mantinha o olhar voltado para Jesus. O amor à Eucaristia fundamentava e mantinha viva sua relação com Deus. Dizia com frequência: "A Eucaristia é a minha estrada para o céu." Todos os dias participava da Santa Missa e permanecia por muito tempo em adoração diante do Santíssimo Sacramento. Carlo dizia: "Vai-se direto para o céu se você se aproximar da Eucaristia todos os dias." Para ele, Jesus era Amigo, Mestre, Salvador; era a força da sua vida e o objetivo de tudo o que fazia. Estava convencido de que, para amar as pessoas e fazer-lhes o bem, era preciso tirar forças do Senhor. Seu desejo ardente era atrair o maior número possível de pessoas a Jesus, tornando-se um anunciador do Evangelho, sobretudo com o exemplo de sua vida. Foi justamente o testemunho de sua fé que o levou a empreender, com êxito, uma obra constante de evangelização nos ambientes que frequentava, tocando o coração das pessoas com quem se encontrava e despertando nelas o desejo de mudar de vida e se aproximar de Deus. Fazia isso com espontaneidade, demonstrando em seu modo de ser e de agir o amor e a bondade do Senhor. De fato, era extraordinária sua capacidade de testemunhar os valores nos quais acreditava, mesmo à custa de mal-entendidos, obstáculos e, às vezes, zombarias.

Carlo sentia uma necessidade profunda de ajudar as pessoas a descobrirem que Deus está próximo de nós e que é belo estar com Ele, desfrutar de sua amizade e de sua graça. Para comunicar essa necessidade espiritual, usava todos os meios, inclusive os modernos meios de comunicação, que dominava muito bem – especialmente a internet –, a qual considerava um presente de Deus e uma ferramenta importante para encontrar as pessoas e difundir os valores cristãos. Seu modo de pensar o levava a afirmar que a rede não era apenas um meio de evasão, mas um espaço de diálogo, conhecimento, troca e respeito mútuo, que devia ser usado com responsabilidade, sem se tornar escravo dela e rejeitando o bullying digital. Nesse mundo virtual limitado, era necessário saber distinguir o bem do mal. Nessa perspectiva positiva, incentivava o uso dos meios de comunicação como instrumentos a serviço do Evangelho, para alcançar o maior número possível de pessoas e fazê-las conhecer a beleza da amizade com o Senhor. Para isso, dedicou-se a organizar uma exposição sobre os principais milagres eucarísticos ocorridos no mundo, que também utilizava ao dar catequese às crianças. Era muito devoto da Virgem Maria. Rezava diariamente o rosário, consagrou-se a ela diversas vezes como forma de renovar seu afeto e pedir sua proteção.

Portanto, oração e missão: esses são os dois traços distintivos da fé heroica do Beato Carlo Acutis, que, ao longo de sua breve vida, o levaram a confiar no Senhor em todas as circunstâncias, especialmente nos momentos mais difíceis. Com esse espírito, ele viveu a doença, que enfrentou com serenidade e que o conduziu à morte. Carlo se abandonou nos braços da Providência e sob o olhar materno de Maria, repetindo: "Quero oferecer todos os meus sofrimentos ao Senhor pelo Papa e pela Igreja. Não quero ir para o purgatório, quero ir direto para o Céu." Falava assim, lembremos, um jovem de 15 anos, revelando uma surpreendente maturidade cristã, que nos estimula e nos encoraja a levar a sério a vida de fé. Carlo despertava também grande admiração pelo ardor com que, nas conversas, defendia a santidade da família e a sacralidade da vida contra o aborto e a eutanásia. O novo Beato representa um modelo de firmeza, alheio a qualquer tipo de concessão, consciente de que, para permanecer no amor de Jesus, é preciso viver concretamente o Evangelho, mesmo que isso signifique ir contra a corrente.

Ele realmente fez suas as palavras de Jesus: "Este é o meu mandamento: amai-vos uns aos outros, como eu vos amei." Essa certeza o levou a exercer uma grande caridade para com o próximo. Sobretudo com os pobres, os idosos, as pessoas sozinhas e abandonadas, os sem-teto, os deficientes e os marginalizados. Carlo sempre acolhia os necessitados; quando ia para a escola e os encontrava na rua, parava para conversar, ouvia seus problemas e, na medida do possível, ajudava-os. Carlo nunca se centrava em si mesmo, mas era capaz de perceber as necessidades e os pedidos das pessoas, nas quais via o rosto de Cristo. Nesse sentido, por exemplo, não deixava de ajudar seus colegas de classe, especialmente os que estavam com dificuldades. Teve uma vida luminosa, portanto, totalmente entregue aos outros, como o Pão Eucarístico.

Queridos irmãos e irmãs, hoje, a Igreja se alegra. Porque neste jovem beato se cumprem as palavras do Senhor: "Fui eu que os escolhi e os designei para que vão e deem muito fruto." E Carlo foi, e deu o fruto da santidade, mostrando-a como uma meta ao alcance de todos, e não como algo abstrato ou reservado a poucos. Sua vida é um modelo, particularmente para os jovens, para que busquem justificativas não apenas nos sucessos efêmeros, mas nos valores perenes que Jesus propõe no Evangelho, ou seja, para que coloquem Deus em primeiro lugar nas grandes e pequenas circunstâncias da vida, e sirvam aos irmãos, especialmente aos últimos. A beatificação de Carlo Acutis, filho da terra lombarda e apaixonado pela terra de Assis, é uma boa notícia, um anúncio forte de que um jovem do nosso tempo, um como tantos outros, foi conquistado por Cristo e se tornou um farol luminoso para aqueles que querem conhecê-lo e seguir seu exemplo.

Ele testemunhou que a fé não nos afasta da vida, mas nos mergulha profundamente nela, indicando-nos o caminho concreto para viver a alegria do Evangelho. Cabe a nós segui-lo, atraídos pela fascinante experiência do Beato Carlo, para que nossa vida possa brilhar com luz e esperança.

Beato Carlo Acutis, rogai por nós.

Depois que rezamos o Credo, vêm a apresentação das oferendas, as preces dos fiéis e o momento mais importante da missa, que é o da consagração. Não, hoje não há o gesto da paz por causa da pandemia. Depois, todos comungam. Antonia disse naquele momento: "Não é todo dia que os pais assistem à beatificação de um filho. O caminho da santidade, no entanto, é um caminho para todos. Cada um de nós pode trilhá-lo. Quanto mais nos abrimos à graça de Deus, mais Ele abre caminhos de bem que depois devemos percorrer. Não quero que Carlo seja lembrado como um super-homem. Carlo foi uma criança e depois um adolescente como tantos outros que, no entanto, sempre quis e soube confiar no amor de Deus. Um caminho possível para todos. Se penso em tudo o que me aconteceu, entendo como realmente existe um fio condutor que faz com que nada aconteça por acaso. Posso dizer que, desde pequeno, a mão da providência agiu discretamente, delineando o grande projeto que o Senhor tinha para Carlo. Esse projeto, eu não descobri de imediato. Só depois da sua morte."

Segundo milagre

Em julho de 2022 ocorre um segundo milagre atribuído oficialmente a Carlo Acutis. Vou contar de um jeito um pouco diferente da Beatificação.

Estamos em Florença, na Itália. É dia 2 de julho de 2022. Valeria Valverde, uma jovem de 21 anos, estudante universitária e natural da Costa Rica, pedala com certa velocidade pelo centro da cidade quando, de repente, bate em algo e cai no chão. A pancada na cabeça é forte. Parte do crânio fica exposta. Alguém chama imediatamente uma ambulância e Valeria é levada às pressas ao Hospital Careggi, o mais importante de Florença. Diagnóstico: traumatismo cranioencefálico com lesões múltiplas. Imediatamente é submetida a uma craneotomia, retirando-se o osso occipital direito para diminuir a pressão intracraniana. Os médicos informam à família que as chances de sobrevivência são muito baixas, considerando o estado crítico de Valeria.

Uma mulher que trabalhava como secretária de Liliana, a mãe de Valeria, começou a rezar imediatamente ao Beato Carlo Acutis e contou a ela sobre a vida desse beato que intercedia junto a Deus com muita eficácia. Poucos dias depois, em 8 de julho, Liliana viajou em peregrinação a Assis e visitou Carlo no Santuário do Despojamento. Liliana rezou a Carlo e deixou ali uma carta com o pedido de cura para sua filha. Naquele mesmo dia, ainda no hospital, ela recebeu uma ligação informando que sua filha havia começado a respirar espontaneamente. No dia seguinte, começou a se mover e a recuperar um pouco da fala. Nos próximos dias, sua recuperação foi surpreendente.

Em 18 de julho, Valeria foi submetida a uma tomografia computadorizada (TC), que demonstrou que a hemorragia craniana havia desaparecido por completo. Em 11 de agosto, ela foi transferida para a terapia de reabilitação, onde progrediu rapidamente, recebendo alta uma semana depois. Em 2 de setembro, Valeria e sua mãe peregrinaram a Assis para agradecer a Carlo por sua intercessão curadora.

Isso é tudo? Bem, não sei muito mais sobre o milagre. Não parece suficiente? Não? É que também não sei o que Valeria estudava, nem onde morava, nem por que ela e sua mãe estavam na Itália, nem com o que trabalhava Liliana, nem de qual cidade ou povoado da Costa Rica vinham, nem onde estava o pai de Valeria, se é que ela tinha um. O que mais? Não basta a você a fé de Liliana, que viajou de Florença até Assis para rezar a um beato que sua secretária havia dito que podia, por intercessão, realizar um milagre? Não? Pois direi que, desde que comecei este livro, venho pedindo a Carlo que interceda pela cura da minha esposa. Serei um tolo? Um iludido? Serão tolas todas as pessoas que se confiam a um beato ou santo quando enfrentam essas situações – uma doença, a perda de alguém querido, a falta de trabalho ou uma crise familiar? Me diga você. Eu realmente não sei, mas prefiro ter fé e depositá-la nas mãos de Deus e de algum intercessor, do que ficar paralisado, remoendo a impotência da minha humanidade. Antonia, a mãe de Carlo, disse sobre Liliana: "Ela veio a Assis para rezar o dia inteiro de joelhos diante de Carlo, e obteve essa graça. Portanto, é uma fé muito grande, a dessa mãe."

O fato é que, dois anos depois, em 23 de maio de 2024, o Papa Francisco autorizou a sanção do decreto que reconheceu esse milagre para a canonização de Carlo Acutis.

Francisco e Carlo

E já que falamos do Papa Francisco, acredito que ele teve uma predileção especial por Carlo Acutis. Primeiro, ao reconhecer sua beatificação e, depois, ao encaminhar sua canonização. Não era apenas uma admiração por sua espiritualidade, mas também, em uma Igreja que carece de jovens, ele via em Carlo uma maneira de motivá-los, despertá-los, incentivá-los a retomar o encontro com Cristo por meio de exemplos próximos.

É que, na história dos santos da Igreja, há pouquíssimos santos jovens venerados, especialmente aqueles com 15 anos ou menos. Quem foram? Bem, São Ciriaco, martirizado na Ásia Menor no século IV, aos 3 anos de idade; os dois pastorinhos de Fátima, Jacinta e Francisco Marto, que morreram em decorrência de doenças aos 9 e 10 anos, respectivamente; Santa Maria Goretti, martirizada na Itália aos 11 anos; São Tarcísio, também martirizado, aos 12 anos; São Pancrácio, martirizado em Roma no século IV, aos 14 anos; São Domingos Sávio, discípulo de Dom Bosco, falecido de doença aos 14 anos; e São José Sánchez del Río, mártir cristero do México, morto aos 14 anos... Mais ninguém? Por enquanto, não. Depois vêm os beatos. Mas Carlo Acutis, com seus quinze anos, já figura nessa lista tão seleta de menos de dez santos tão jovens. E Santa Teresinha do Menino Jesus? Não, porque ela faleceu aos 24 anos.

O Papa Francisco começou a se referir publicamente a Carlo Acutis na exortação apostólica pós-sinodal *Christus Vivit*, de 25 de março de 2019. Ali, ao dirigir-se aos jovens, ele os lembrava de que, apesar de todas as dificuldades, sempre há uma saída possível diante dos contratempos da vida. Dizia:

Recordo a vocês a boa notícia que nos foi dada na manhã da Ressurreição: que em todas as situações escuras ou dolorosas que mencionamos, há saída. Por exemplo, é verdade que o mundo digital pode te colocar diante do risco do isolamento, do fechamento em si mesmo ou do prazer vazio. Mas não te esqueças de que há jovens que, também nesses ambientes, são criativos e às vezes geniais. Foi o que fez o jovem venerável Carlo Acutis. Ele sabia muito bem que esses mecanismos da comunicação, da publicidade e das redes sociais podem ser usados para nos tornar seres adormecidos, dependentes do consumo e das novidades que podemos comprar, obcecados com o tempo livre, presos na negatividade. Mas ele foi capaz de usar as novas técnicas de comunicação para transmitir o Evangelho, para comunicar valores e beleza. Ele não caiu na armadilha. Percebia que muitos jovens, embora parecessem diferentes, na verdade acabavam sendo todos iguais, correndo atrás do que os poderosos impõem por meio dos mecanismos de consumo e embotamento. Desse modo, não deixam florescer os dons que o Senhor lhes deu, não oferecem ao mundo aquelas capacidades tão pessoais e únicas que Deus semeou em cada um." E assim, dizia Carlo: "Todos nascem como originais, mas muitos morrem como cópias."

Não permitas que isso aconteça contigo. Não deixes que te roubem a esperança e a alegria, que te anestesiem para te usar como escravo dos interesses deles.

Atreva-se a ser mais, porque seu ser importa mais do que qualquer outra coisa. Ter ou parecer não serve de nada. Você pode chegar a ser aquilo que Deus, seu Criador, sabe que você é, se reconhecer que foi chamado a algo grandioso. Invoque o Espírito Santo e caminhe com confiança rumo à grande meta: a santidade. Assim, você não será uma cópia. Será plenamente você mesmo. Para isso, é preciso reconhecer algo fundamental: ser jovem não significa apenas buscar prazeres passageiros e sucessos superficiais. Para que a juventude cumpra seu verdadeiro propósito no percurso da vida, ela precisa ser um tempo de entrega generosa, de oferta sincera, de sacrifícios que doem, mas que nos tornam fecundos... Se você é jovem em idade, mas se sente fraco, cansado ou desiludido, peça a Jesus que o renove. Com Ele, a esperança nunca falta. O mesmo vale se você se sente mergulhado em vícios, maus hábitos, egoísmo ou uma comodidade doentia. Jesus, cheio de vida, quer ajudá-lo a fazer valer a pena a sua juventude. Assim, você não privará o mundo daquela contribuição que só você pode oferecer, sendo único e inimitável como é.

Tempos depois, durante a oração do Ângelus na Praça de São Pedro, no domingo, 11 de outubro de 2020, referindo-se à beatificação de Carlo Acutis, o Papa disse à multidão: *Ontem, em Assis, foi beatificado Carlo Acutis, um rapaz de quinze anos, apaixonado pela Eucaristia. Ele não se acomodou numa imobilidade confortável, mas compreendeu as necessidades do seu tempo, porque via no rosto dos mais frágeis o rosto de Cristo. Seu testemunho mostra aos jovens de hoje que a verdadeira felicidade está em colocar Deus em primeiro lugar e servi-Lo nos irmãos, especialmente nos mais pobres. Uma salva de palmas para o novo jovem beato millennial!* E a multidão, da qual boa parte já conhecia a fama de Carlo, irrompeu em um forte aplauso que sacudiu aquela manhã fresca de outono.

Na segunda-feira, 26 de setembro de 2022, na Sala Paulo VI, em discurso dirigido aos participantes do encontro da Comunidade Shalom, o Papa Francisco destacou: *Escutem: para manter um espírito jovem, é preciso permanecer abertos ao Espírito Santo – é Ele quem renova os corações, a vida, a Igreja, o mundo. Não se trata da juventude física, mas da juventude do espírito, aquela que brilha mais nos olhos de certos idosos do que nos de alguns jovens. Não é uma questão de idade.* E acrescentou: *Outra coisa: como disse São João Paulo II na JMJ de 2000, "quem permanece com os jovens, permanece jovem". Se uma pessoa idosa se isola, evita os jovens, envelhece mais rápido. Em contrapartida, é lindo e enriquecedor passar tempo com os meninos, adolescentes, jovens, não para "copiá-los", isso seria ridículo, nem para lhes pregar sermões, mas para ouvi-los, conversar com eles, contar alguma experiência...* E, sobre o protagonismo, completou: *Eu diria duas coisas. A primeira é o protagonismo da santidade. Penso em Carlo Acutis como exemplo recente; mas antes dele, em Piergiorgio Frassati, em Gabriel da Virgem Dolorosa, em Teresinha do Menino Jesus, em Francisco e Clara de Assis, que eram jovens – e, indo ainda mais longe, na primeira e perfeita discípula: Maria de Nazaré, jovem, que era apenas uma moça quando disse "eis-me aqui". Todos eles edificaram a Igreja e continuam edificando-a com seu testemunho, ao corresponderem à graça de Deus.*

Na quinta-feira, 6 de outubro de 2022, na Sala Clementina, no discurso que pronunciou aos participantes do congresso "Santidade Hoje", organizado pelo Dicastério das Causas dos Santos, o Papa Francisco disse: *Sem essa alegria, a fé se reduz a um exercício cansativo e triste; e com "cara fechada" não se chega à santidade. É preciso ter um coração generoso e aberto à esperança. Dessa santidade cheia de bom humor nos dá exemplo o novo Beato João Paulo I. Para adolescentes e jovens, é também modelo de alegria cristã o Beato Carlo Acutis. E sempre nos edifica, em sua lógica evangélica de paradoxo, a "perfeita alegria" de São Francisco de Assis.*

No sábado, 29 de outubro de 2022, na Sala Paulo VI, em um discurso aos jovens da Ação Católica Italiana, ao falar sobre os jovens santos, expressou: *Jovens crentes, responsáveis e coerentes: é isso que desejo para vocês. Poderia parecer uma fórmula, uma "expressão feita". Mas não é assim, porque essas palavras ganham vida nos santos, nos jovens santos! A Mãe Igreja nos propõe muitos – pensemos, limitando-nos apenas aos italianos – em Francisco e Clara de Assis, Rosa de Viterbo, Gabriel da Virgem Dolorosa, Domingos Sávio, Gemma Galgani, Maria Goretti, Pier Giorgio Frassati, Chiara Badano, Carlo Acutis. Eles nos ensinam o que significa ser fermento, estar no mundo sem ser do mundo.*

No sábado, 14 de janeiro de 2023, também na Sala Paulo VI, o Papa fez um discurso diante de jovens e crianças pertencentes à Comunidade Papa João XXIII, e lhes disse, referindo-se a Carlo: *E há outro aspecto importante que me tocou nas apresentações que vocês me enviaram há algum tempo: o fato de que vocês, crianças e adolescentes, se apresentaram cada um com o seu nome.*

É assim que Deus gosta, Ele nos conhece a cada um pelo nome. Não somos anônimos, não somos cópias – todos somos originais! E é assim que devemos ser: originais, não fotocópias, como dizia o Beato Carlo Acutis, um jovem como vocês. Deus nos conhece um por um, com nosso nome e nosso rosto, que é único. Certamente, também temos nossos limites; alguns de nós, infelizmente, carregam grandes limitações. Mas isso não tira em nada o valor de uma pessoa: cada um é único, é filho ou filha de Deus, cada um é irmão ou irmã de Jesus, mas único.

Na quinta-feira, 23 de novembro de 2023, na Sala Clementina, no discurso que dirigiu às delegações da Federação Italiana de Semanais Católicos, à União Italiana de Imprensa Periódica, à Associação Coral e à Associação de Cidadãos da Mídia AIART, o Papa, ao final de sua fala e referindo-se ao testemunho que esses grupos deveriam dar, mencionando Carlo, expressou: *Gostaria de lhes indicar o exemplo do Beato Carlo Acutis. Ele sabia muito bem que esses mecanismos de comunicação, a publicidade e as redes sociais podem ser utilizados para nos tornar sujeitos adormecidos, viciados no consumo e nas novidades que podemos comprar, obcecados pelo lazer, fechados na negatividade. Ele, no entanto, soube utilizar as novas técnicas de comunicação para transmitir o Evangelho, para comunicar valores e beleza. Aquele jovem não caiu na armadilha, mas se tornou uma testemunha da comunicação. O testemunho é profecia, é criatividade, que liberta e impulsiona a arregaçar as mangas, a sair da zona de conforto para assumir riscos. Sim, a fidelidade ao Evangelho exige a capacidade de arriscar-se pelo bem e de ir contra a corrente: falar de fraternidade em um mundo individualista; de paz em um mundo em guerra; de preocupação com os pobres em um mundo intolerante e indiferente. Mas isso só pode ser feito com credibilidade se, antes, se dá testemunho do que se fala. Queridos amigos, agradeço a visita de vocês e os convido a seguirem em frente. Confio o compromisso de vocês a São Francisco de Sales e ao Beato Carlo Acutis, para que guiem seus passos pelos caminhos da formação, da proteção e do testemunho. De coração, os abençoo. E, por favor, não se esqueçam de rezar por mim. Obrigado.*

Durante a oração do Ângelus, na Praça de São Pedro, no dia 1º de novembro de 2024, solenidade de Todos os Santos, o Papa se referiu a Carlo, dizendo: *Hoje, na solenidade de Todos os Santos, no Evangelho, Jesus proclama a carteira de identidade do cristão. E qual é a carteira de identidade do cristão? As bem-aventuranças. Essa é a nossa identidade, e também o caminho rumo à santidade. Jesus nos mostra um caminho, o caminho do amor, que Ele mesmo percorreu primeiro ao se fazer homem, e que para nós é ao mesmo tempo dom de Deus e resposta nossa. Dom e resposta. É dom de Deus, porque, como diz São Paulo, é Ele quem santifica. E por isso, é antes de tudo ao Senhor que pedimos que nos santifique, que torne nosso coração semelhante ao d'Ele. Com a sua graça, Ele nos cura e nos liberta de tudo o que nos impede de amar como Ele nos ama, para que, em nós, como dizia o Beato Carlo Acutis, haja sempre "menos de mim para dar espaço a Deus."*

Por fim, no discurso que pronunciou na Sala do Consistório, em 20 de dezembro de 2024, diante dos jovens da Ação Católica Italiana, o Papa disse: *Isso nos leva ao segundo ponto: o encantamento, a capacidade de se deixar maravilhar. Já viram pessoas entediadas? Já viram? Existem. E sabem por quê? Porque essas pessoas não sabem se maravilhar. Tudo parece tão igual, tão monótono: perderam a capacidade de se surpreender. O Natal é uma época muito especial nesse sentido: as ruas se enchem de luzes, trocam-se presentes, a liturgia se enriquece com cantos e sons belíssimos... As crianças e jovens da Ação Católica vêm aqui e, um, dois, três, cantam... Tudo é lindo. Pensemos no presépio: quanta maravilha há ali! Os pastores, os Reis Magos e os outros personagens cercam a gruta com expressões de encantamento, envolvendo até os animais e toda a paisagem, como numa grande festa. Parem diante de um presépio e reparem bem; depois vão a outro e observem com atenção... Em todos há variedade, os presépios napolitanos são lindíssimos! Mas em todos jamais faltam Jesus, Maria e José: esse Amor que Deus nos enviou, e Maria e José que o acolhem e fazem crescer. Mas atenção, porque isso não vale só para o Natal. Toda a nossa vida, na verdade, é um dom extraordinário: cada um de nós é único, e cada dia é especial, como gostava de dizer o Beato Carlo Acutis. Conhecem ele? Sabem que logo será santo? Que bonito! Ele costumava dizer: "devemos ser originais, não fotocópias!" E quanta gente não consegue ser original. São fotocópias! Hoje em dia, as pessoas fazem as coisas porque o jornal disse que é para fazer, ou por costume. E o Natal, para tanta gente, acaba sendo uma fotocópia de tantas coisas, e não o encontro – tão bonito! – que a cada ano traz novidade, novidade para nossas almas e nossos corações. Olhem para o presépio, olhem para Maria, para José e para o Menino, para os Reis Magos, para os pastores, gente humilde, que vai para ver Jesus.*

Até aqui, transcrevi para você todas as referências oficiais que Francisco fez a Carlo durante seu Pontificado, excetuando aquelas feitas em 2024 para anunciar sua canonização, às quais me referirei no próximo capítulo. Creio que são documentos valiosos que nos descrevem, com um enfoque mais doutrinal, o futuro santo.

Convido você a meditar sobre as palavras do saudoso Papa Francisco e a fazê-lo em silêncio e em atitude de oração, como gostava de dizer Carlo.

A oração é, para mim, um diálogo constante com Deus, um encontro onde posso expressar minhas alegrias, minhas dúvidas, meus medos e também escutar a voz amorosa do Pai. Não importa o tempo que eu dedique, mas, sim, a sinceridade e a abertura do coração... Em meio ao barulho e às distrações do mundo, a oração é aquele momento de silêncio em que a alma se acalma e encontra seu centro. É o lugar onde posso renovar minha confiança, pedir perdão e rogar pela graça de amar mais e melhor... A oração não é só pedir, mas também agradecer e aprender a escutar. Nesse espaço sagrado, Deus me transforma e me guia para a luz. Por isso, incentivo a todos, especialmente os jovens, a nunca abandonarem a oração, porque ela é o alimento da alma e o motor que impulsiona a vida cristã.

Canonização

No dia 23 de maio de 2024, o Papa Francisco autorizou a promulgação do decreto que reconheceu o segundo milagre realizado por intercessão de Carlo Acutis, iniciando, assim, o processo para sua canonização, ou seja, sua declaração como santo da Igreja Católica. Em um comunicado da sala de imprensa do Vaticano, informou-se que, durante a audiência concedida ao cardeal Marcello Semeraro, prefeito do Dicastério para as Causas dos Santos, o Sumo Pontífice o autorizou a promulgar os decretos relativos a milagres atribuídos a diversas pessoas, entre os quais se destacou: "o milagre atribuído à intercessão do Beato Carlo Acutis, fiel leigo; nascido em 3 de maio de 1991 em Londres (Inglaterra) e falecido em 12 de outubro de 2006 em Monza (Itália)".

Posteriormente, no Consistório de Cardeais realizado em 1º de julho de 2024, presidido pelo Papa Francisco, foi aprovada formalmente a canonização de Carlo Acutis, junto com a de outros 14 beatos. A sala de imprensa divulgou a decisão em um comunicado: "Nesta manhã, às 9 horas, na Sala do Consistório do Palácio Apostólico Vaticano, o Santo Padre Francisco presidiu a celebração da Terceira Hora e do Consistório Ordinário Público para a Canonização de Beatos..." E, ao final da lista, mencionava-se: "Carlo Acutis, fiel leigo." Ele foi apresentado assim porque, dos outros catorze, onze eram religiosos e os outros três também leigos, mas mártires, ou seja, pessoas assassinadas por causa do Evangelho. O comunicado prosseguia dizendo: "No decorrer do Consistório, o Papa decretou que o Beato Manuel Ruiz López e sete companheiros, os Beatos Francisco, Mooti e Rafael Massabki, o Beato Giuseppe Allamano, a Beata Marie-Léonie Paradis e a Beata Elena Guerra sejam inscritos no Registro dos Santos no domingo, 20 de outubro de 2024, enquanto o Beato Carlo Acutis será inscrito no Registro dos Santos em data a ser determinada." Ou seja, ainda não havia uma data definida para a cerimônia de canonização.

Alguns meses depois, o Papa Francisco, durante a Audiência Geral realizada na Praça de São Pedro em 20 de novembro de 2024, antecipou que Carlo seria declarado santo em 2025: *Quero dizer que no ano que vem, no Dia dos Adolescentes, canonizarei o Beato Carlo Acutis, e que, no Dia dos Jovens, no ano que vem, canonizarei o Beato Pier Giorgio Frassati.* Dias depois, em 24 de novembro, voltou a confirmar isso durante a oração do Ângelus, dirigindo-se aos fiéis reunidos na praça, quando disse: *Como já anunciei, no próximo dia 27 de abril, no contexto do Jubileu dos Adolescentes, proclamarei santo o Beato Carlo Acutis. Além disso, tendo sido informado pelo Dicastério para as Causas dos Santos de que está prestes a ser concluído positivamente o processo de estudo da causa do Beato Pier Giorgio Frassati, tenho em mente canonizá-lo no próximo dia 3 de agosto, durante o Jubileu dos Jovens, após ter obtido o parecer dos Cardeais. Uma salva de palmas para os próximos novos santos.* E ouviram-se aplausos da multidão.

O que aconteceu depois? Pois bem, o Papa Francisco faleceu no dia 21 de abril de 2025 e a canonização de Carlo foi adiada para 7 de setembro.

Por essa razão, durante os funerais do Papa Francisco, realizados na Praça de São Pedro em 26 de abril, diz-se que havia milhares de jovens que haviam chegado para a canonização de Carlo, pois já tinham comprado suas passagens ou pacotes turísticos, e permaneceram na "Cidade Eterna", ou seja, em Roma. E, se me permite, quero mencionar algo sobre a morte de Francisco, aos 88 anos, em decorrência de um derrame cerebral e posterior parada cardíaca, às 7h35, na Casa Santa Marta. Ele era argentino, assim como eu. Nascido em Buenos Aires, em 17 de dezembro de 1936, com o nome de Jorge Mario Bergoglio. Por essa razão, presto-lhe uma pequena homenagem ao final deste livro. Foi eleito Papa em 13 de março de 2013. O primeiro Papa nascido nas Américas e o primeiro latino-americano. O chamado "Papa do fim do mundo", porque meu país está localizado na ponta sul do continente, muito distante de tudo. Seu papado durou doze anos, e, dentro da média histórica dos anteriores, foi relativamente longo.

Na véspera de sua morte, no Domingo de Páscoa, ele se despediu do mundo quando, da sacada da Basílica, sentado em sua cadeira de rodas, diante da multidão reunida na Praça de São Pedro, realizou a bênção *"Urbi et Orbi"* para o mundo inteiro e, visivelmente debilitado por uma pneumonia que o havia deixado internado, saudou dizendo: "Irmãos e irmãs, feliz Páscoa." E, por mais incrível que pareça, terminou depois percorrendo a praça em seu papamóvel, abençoando e saudando os fiéis, muitos dos quais choravam à sua passagem.

Uma vez eleito o novo pontífice, Robert Francis Prevost, nascido nos Estados Unidos da América, e que adotou o nome de Leão XIV, a data para a canonização de Carlo Acutis foi reprogramada. Reunidos em 13 de junho de 2025, em um novo Consistório Público Ordinário de Cardeais, presidido por Leão XIV, decidiu-se que Carlo Acutis, juntamente com Pier Giorgio Frassati, seriam canonizados no dia 7 de setembro. A escolha desses dois jovens para serem formalmente declarados santos no mesmo dia não foi por acaso. Carlo, o primeiro santo falecido no século XXI, em decorrência de uma leucemia fulminante. Pier Giorgio, no início do século XX, aos 24 anos, vítima também de uma poliomielite fulminante. Dois santos muito jovens. Carlo, o apaixonado pela Eucaristia; Pier Giorgio, pelo compromisso social. Mas ambos com suas vidas centradas em Cristo e na promoção do Evangelho.

Frases de Carlo

Não quero terminar este livro sem deixar para você uma pequena seleção de frases de Carlo, para que também possa meditá-las de tempos em tempos. Há tantas frases bonitas e sábias de Carlo circulando pelas redes que, se eu colocasse todas aqui, provavelmente você não as leria. Por isso, tomei uma decisão: recorrer como fonte ao *Sito Ufficiale dell'Associazione Carlo Acutis* (Site Oficial da Associação Carlo Acutis), que está na web: www.carloacutis.com.

Essa Associação foi criada com o objetivo de dar continuidade à causa, primeiro da beatificação e depois da canonização de Carlo Acutis, e de divulgar sua espiritualidade. Ela não tem fins lucrativos e promove algumas obras de caridade. Seu lema é uma frase de Carlo, já bastante conhecida, que diz: *Estar sempre unido a Jesus: esse é o meu projeto de vida.* Para mim, essa frase resume toda a sua espiritualidade e é a base do ser cristão: ser um com Cristo, segui-lo, tornar-se primeiro seu discípulo (seguidor) e depois seu apóstolo (enviado). Em uma palavra: viver com Jesus, para Jesus e em Jesus. Pois bem, para encerrar o livro, tomo a liberdade de copiar aqui as principais frases que a Associação disponibiliza em seu site, e na mesma ordem, para que você as guarde no coração e volte a lê-las de vez em quando, como pérolas escondidas que descobriu.

O rosário é a escada mais curta para subir ao Céu.

Uma vida só é verdadeiramente bela se conseguimos amar a Deus sobre todas as coisas e ao próximo como a nós mesmos.

Criticar a Igreja é o mesmo que criticar a nós mesmos! A Igreja é a dispensadora dos tesouros para nossa salvação.

A única coisa que devemos realmente temer é o pecado.

Por que os homens se preocupam tanto com a beleza do corpo e depois não se preocupam com a beleza da alma?

Não eu, mas Deus.

Todos nascemos como originais, mas muitos morrem como cópias.

Nossa meta deve ser o Infinito, não o finito.

Não o amor-próprio, mas a glória de Deus.

Estar sempre unido a Jesus: esse é o meu projeto de vida.

De que adianta ao homem vencer mil batalhas se depois é incapaz de conquistar a si mesmo?

A santificação não é um processo de adição, mas de subtração.

Menos de mim, para deixar espaço a Deus.

Depois da Sagrada Eucaristia, o santo rosário é a arma mais poderosa contra o Demônio.

A felicidade é o olhar voltado para Deus. A tristeza é o olhar voltado para si mesmo.

Se Deus possuir nosso coração, possuiremos o Infinito.

A conversão nada mais é do que mover o olhar de baixo para cima; basta um simples movimento dos olhos.

Encontre Deus e encontrará o sentido da sua vida.

A vida é um presente, porque enquanto estivermos neste planeta podemos aumentar nosso nível de caridade.

Quanto mais alto for, mais desfrutaremos da bem-aventurança eterna de Deus.

O verdadeiro discípulo de Jesus Cristo é aquele que tenta imitá-lo em tudo e faz a vontade de Deus.

O que realmente nos tornará belos aos olhos de Deus será a maneira como o amamos e como amamos nossos irmãos.

Sem Ele, nada posso fazer.

Somente quem faz a vontade de Deus será verdadeiramente livre.

Depois desta lista, só me resta o silêncio. Fechar os olhos e meditar essas frases tão profundas que tocam o mais íntimo do coração, se formos capazes de deixá-las entrar na profundidade do nosso ser.

Devocional

Esta é a oração oficial que você pode rezar para pedir a intercessão de Carlo Acutis, impressa por indicação do bispo de Assis, Domenico Sorrentino:

> Ó Deus, nosso Pai,
> obrigado por nos teres dado Carlo,
> modelo de vida para os jovens e mensagem
> de amor para todos. Tu o fizeste
> apaixonar-se por teu Filho Jesus,
> fazendo da Eucaristia sua
> "estrada para o céu".
> Tu lhe deste Maria como Mãe
> muito amada e fizeste com que,
> com o rosário, ele se tornasse um
> cantor da sua ternura.
> Acolhe a sua intercessão por nós.
> Olha sobretudo pelos pobres,
> a quem ele amou e ajudou.
> [Também a mim, concede, por sua
> intercessão, a graça de que tanto preciso...]
> E faze com que nossa alegria seja plena,

conduzindo Carlo entre os santos
da Igreja universal, a fim de que
seu sorriso continue resplandecendo
para nós e para a glória do teu nome.
Amém.

Rezar um Pai-Nosso, uma Ave-Maria e um Glória.

Esta é a Novena que você pode fazer para pedir uma graça a Carlo Acutis. Foi impressa pelo bispo auxiliar da Arquidiocese de Campo Grande (Brasil), o franciscano Dom Janusz Marian Danecki, em 30 de setembro de 2016. Nessa diocese ocorreu o primeiro milagre oficialmente reconhecido por intercessão de Carlo Acutis.

Oração inicial:

Santíssima Trindade, Pai, Filho e Espírito Santo, agradeço-vos por todos os favores e graças com que enriquecestes a alma do São Carlo Acutis durante os quinze anos que passou nesta terra e, pelos méritos deste amado Anjo da Juventude, concedei-me a graça que fervorosamente vos peço... (Aqui se formula a graça que se deseja alcançar).

Rezar, em seguida, o dia correspondente:

Primeiro dia

Não eu, mas Deus.

São Carlo Acutis, que fizeste da tua vida uma contínua renúncia e despojamento, concede-me a graça de buscar as coisas do Céu e desprezar aquelas que passam. Que assim seja.

(Rezam-se, em agradecimento a Deus pelos dons concedidos a Carlo em seus 15 anos de vida terrena: 5 Pai-Nossos, 5 Ave-Marias, 5 Glórias ao Pai).

Segundo dia

Estar sempre unido a Jesus, esse é o meu projeto de vida.

São Carlo Acutis, que viveste no Coração de Jesus, concede-me a graça de cumprir, plenamente, esse desígnio de amor. Que assim seja.

(Rezam-se, em agradecimento a Deus pelos dons concedidos a Carlo em seus 15 anos de vida terrena: 5 Pai-Nossos, 5 Ave-Marias, 5 Glórias ao Pai).

Terceiro dia

Peça continuamente ajuda ao seu Anjo da Guarda, que deve se tornar seu melhor amigo.

São Carlo Acutis, que buscaste, já neste mundo, a companhia dos Santos Anjos, concede-me a graça de viver com retidão, como deseja o meu Anjo da Guarda. Que assim seja.

(Rezam-se, em agradecimento a Deus pelos dons concedidos a Carlo em seus 15 anos de vida terrena: 5 Pai-Nossos, 5 Ave-Marias, 5 Glórias ao Pai).

Quarto dia

Nossa alma é como um balão de ar quente... Se houver um pecado mortal, a alma cairá ao chão, e a confissão será como o fogo... É necessário confessar-se com frequência.

São Carlo Acutis, que viveste de forma exemplar este sacramento da reconciliação, concede-me a graça de buscar frequentemente a confissão com sincero arrependimento. Que assim seja.

(Rezam-se, em agradecimento a Deus pelos dons concedidos a Carlo em seus 15 anos de vida terrena: 5 Pai-Nossos, 5 Ave-Marias, 5 Glórias ao Pai).

Quinto dia

A tristeza é olhar para si mesmo. A felicidade é olhar para Deus.

São Carlo Acutis, que nunca desviaste o olhar de Jesus, teu grande amor, concede-me a graça de experimentar, já neste mundo, essa verdadeira felicidade. Que assim seja.

(Rezam-se, em agradecimento a Deus pelos dons concedidos a Carlo em seus 15 anos de vida terrena: 5 Pai-Nossos, 5 Ave-Marias, 5 Glórias ao Pai).

Sexto dia

A única coisa que devemos pedir a Deus em nossas orações é o desejo de sermos santos.

São Carlo Acutis, que sempre soubeste pedir a Deus o que é essencial, concede-me a graça de um profundo desejo pelo Céu. Que assim seja.

(Rezam-se, em agradecimento a Deus pelos dons concedidos a Carlo em seus 15 anos de vida terrena 5 Pai-Nossos, 5 Ave-Marias, 5 Glórias ao Pai).

Sétimo dia

A Virgem Maria é a única Mulher da minha vida.

São Carlo Acutis, que amaste a Virgem Maria mais do que tudo, concede-me a graça de corresponder ao amor dessa Mãe carinhosa e bondosa. Que assim seja.

(Rezam-se, em agradecimento a Deus pelos dons concedidos a Carlo em seus 15 anos de vida terrena: 5 Pai-Nossos, 5 Ave-Marias, 5 Glórias ao Pai).

Oitavo dia

A Eucaristia é minha estrada para o Céu.

São Carlo Acutis, que sempre buscavas teu Jesus escondido no sacrário, concede-me a graça de um profundo fervor eucarístico. Que assim seja.

(Rezam-se, em agradecimento a Deus pelos dons concedidos a Carlo em seus 15 anos de vida terrena: 5 Pai-Nossos, 5 Ave-Marias, 5 Glórias ao Pai).

Nono dia

Estou feliz por morrer porque vivi minha vida sem desperdiçar um só minuto com coisas que não agradam a Deus.

São Carlo Acutis, concede-me a graça das graças, ou seja, a perseverança final e uma morte santa. Que assim seja.

(Rezam-se, em agradecimento a Deus pelos dons concedidos a Carlo em seus 15 anos de vida terrena: 5 Pai-Nossos, 5 Ave-Marias, 5 Glórias ao Pai).

Oração final

Deus Pai de Misericórdia, eleva à glória dos altares o teu São Carlo Acutis, para que por ele Tu sejas ainda mais glorificado. Concede-nos a graça de invocá-lo como Santo, ele que viveu a Tua vontade em todas as coisas, e pelos seus méritos, concede-me a graça que ardentemente desejo. Amém.

Epílogo do autor

Preciso terminar... e não quero. Dizem que todo livro é como um filho para quem o escreve, mas este foi como um pai para mim, por tudo o que aprendi com Carlo. Escrevo emocionado. Um pai jovem, de apenas 15 anos. Mas ele me tocou profundamente com sua maneira de viver e de morrer; não apenas por suas ações, mas, principalmente, por suas palavras. Quais palavras? Ah, meu Deus... Todas e cada uma delas. Suas palavras são frescas, alegres e originais. Sim, originais, porque Carlo não morreu como uma fotocópia e por isso merece estar nos altares.

P.S.: Um agradecimento especial a Florencia Cambariere, pela proposta e ajuda constante na composição e edição deste livro.

Notícias sobre Carlo Acutis no Brasil

BBC NEWS BRASIL. O 'influenciador de Deus' que será declarado santo e tem milagre registrado no Brasil. *Folha de S.Paulo*, São Paulo, 23 maio 2024. Disponível em: https://folha.com/pj5b3gd4. Acesso em: 6 ago. 2025.

CANONIZAÇÃO de Carlo Acutis, o 'padroeiro da internet', é suspensa após morte do papa Francisco. *G1*, São Paulo, 21 abr. 2025. Disponível em: https://g1.globo.com/mundo/noticia/2025/04/21/canonizacao-de-carlo-acutis-e-suspensa-apos-morte-do-papa-francisco.ghtml. Acesso em: 6 ago. 2025.

CARLO Acutis, 'padroeiro da internet' que tem milagre reconhecido no Brasil, será canonizado em 2025. *G1*, São Paulo, 20 nov. 2024. Disponível em: https://g1.globo.com/mundo/noticia/2024/11/20/carlo-acutis-padroeiro-da-internet-que-tem-milagre-reconhecido-no-brasil-sera-canonizado-em-2025.ghtml. Acesso em: 6 ago. 2025.

COMO foi o milagre no Brasil de Carlo Acutis, que pode ser o primeiro 'santo millennial'. *Estadão*, São Paulo, 13 jun. 2025. Disponível em: https://www.estadao.com.br/brasil/como-foi-o-milagre-no-brasil-de-carlo-acutis-que-pode-ser-o-primeiro-santo-millennial-nprm/. Acesso em: 6 ago. 2025.

FANTÁSTICO. Quem é Carlo Acutis, o primeiro santo da geração millennial? *G1*, São Paulo, 20 abr. 2025. Disponível em: https://g1.globo.com/fantastico/noticia/2025/04/20/quem-e-carlo-acutis-o-primeiro-santo-da-geracao-millennial.ghtml. Acesso em: 6 ago. 2025.

FANTIN, Rafael. A história do milagre do menino brasileiro curado pelo primeiro santo da era digital. *Gazeta do Povo*, Curitiba, 23 abr. 205. Disponível em: https://www.gazetadopovo.com.br/brasil/historia-milagre-menino-brasileiro-curado-pelo-primeiro-santo-era-digital-carlo-acutis/. Acesso em: 6 ago. 2025.

"INFLUENCER" beatificado operou milagre ocorrido no Brasil em 2013. *Correio Braziliense*, Brasília, DF, 11 out. 2020. Disponível em: https://www.correiobraziliense.com.br/mundo/2020/10/4881427-um-beato-influencer.html. Acesso em: 6 ago. 2025.

KORMANN, Alessandra. 'Padroeiro da internet', Carlo Acutis é elogiado pelo papa Francisco. *Folha de S.Paulo*, São Paulo, 24 out. 2020. Disponível em: https://folha.com/6wzam5ox. Acesso em: 6 ago. 2025.

LELLIS, Leonardo. Igreja beatifica Carlo Acutis, morto aos 15 e com milagre atribuído no Brasil. *CNN Brasil*, São Paulo, 10 out. 2020. Disponível em: https://www.cnnbrasil.com.br/internacional/igreja-beatifica-carlo-acutis-morto-aos-15-e-com-milagre-atribuido-no-brasil/. Acesso em: 6 ago. 2025.

LIBNI, Thais; MARUYAMA, Alysson; PRADO, Kharina. Milagre e bênçãos atribuídos a Carlo Acutis, o 1º santo do milênio; conheça casos registrados no Brasil. *G1*, São Paulo, 20 abr. 2025.

Disponível em: https://g1.globo.com/ms/mato-grosso-do-sul/noticia/2025/04/20/milagre-e-bencaos-atribuidos-a-carlo--acutis-o-1o-santo-do-milenio-conheca-casos-registrados-no--brasil.ghtml. Acesso em: 6 ago. 2025.

LOPES, Rodrigo. O "influencer de Deus": saiba quem é Carlo Acutis o jovem que vai virar santo. *GZH*, Porto Alegre, 9 maio 2025. Disponível em: https://gauchazh.clicrbs.com.br/mundo/noticia/2025/05/o-influencer-de-deus-saiba-quem-e-carlo--acutis-o-jovem-que-vai-virar-santo-cmae7uk0y015w014u-c68y6he3.html. Acesso em: 6 ago. 2025.

MARUYAMA, Alysson; PRADO, Kharina; LIBNI, Thais. Testemunho de fé: quem é o jovem brasileiro considerado o milagre que vai tornar Carlo Acutis o 1º santo do milênio. *G1*, São Paulo, 19 abr. 2025. Disponível em: https://g1.globo.com/ms/mato-grosso-do-sul/noticia/2025/04/19/testemunho-de-fe--conheca-a-historia-do-jovem-curado-por-carlo-acutis-no-brasil.ghtml. Acesso em: 6 ago. 2025.

MOLINA, Thomaz. Quem é Carlo Acutis, o santo millennial, que tem parte do corpo em SP. *Metrópoles*, Brasília, DF, 8 abr. 2025. Disponível em: https://www.metropoles.com/sao-paulo/quem-e-carlo-acutis-o-santo-millennial-que-tem-parte-do-corpo-em-sp. Acesso em: 6 ago. 2025.

MONITCHELE, Marília. Santo nas redes: o que há por trás da canonização do jovem Carlo Acutis. *Veja*, São Paulo, 10 jun. 2024. Disponível em: https://veja.abril.com.br/religiao/santo--nas-redes-o-que-ha-por-tras-da-canonizacao-do-jovem-carlo--acutis/. Acesso em: 6 ago. 2025.

NATAL, Padre Rodrigo. Cotidiano extraordinário: as práticas que moldaram Carlo Acutis para a santidade. *Gazeta do Povo*, Curitiba, 10 maio 205. Disponível em: https://www.gazetadopovo.com.br/ideias/cotidiano-extraordinario-praticas-moldaram-carlo-acutis-santidade/. Acesso em: 6 ago. 2025.

NÓBREGA, Fabio. Mãe de Carlo Acutis sobre ligação do filho com Brasil: "Admirava Pelé"; 1º milagre foi no País. *Folha de Pernambuco*, Recife, 24 maio 2024. Disponível em: https://www.folhape.com.br/noticias/mae-de-carlo-acutis-lembra-relacao-do-filho-com-o-brasil-amava/337909/. Acesso em: 6 ago. 2025.

PERPÉTUO, Lara. A ligação especial de Carlo Acutis, o santo millenial, com o Brasil. *Correio Braziliense*, Brasília, DF, 16 abr. 2025. Disponível em: https://www.correiobraziliense.com.br/mundo/2025/04/7113193-ligacao-especial-de-carlo-acutis-o-santo-millenial-com-o-brasil.html. Acesso em: 6 ago. 2025.

PINHEIRO, Maria Clara. Carlo Acutis, o 1º santo do milênio: veja os milagres no Brasil. *Bons Fluidos*, São Paulo, 24 abr. 2025. Disponível em: https://www.bonsfluidos.com.br/espiritualidade/carlo-acutis-o-1o-santo-do-milenio-veja-os-milagres-no-brasil.phtml. Acesso em: 6 ago. 2025.

QUEM é Carlo Acutis, o 'influenciador de Deus' que teve canonização adiada após morte do papa Francisco. *BBC News Brasil*, Londres, 21 abr. 2025. Disponível em: https://www.bbc.com/portuguese/articles/cly1mzny8n3o. Acesso em: 6 ago. 2025.

QUEM foi Carlo Acutis, que deve ser primeiro canonizado no papado de Leão XIV; data da cerimônia é definida. *O Globo*, Rio de Janeiro, 13 jun. 2025. Disponível em: https://oglobo.globo.com/mundo/noticia/2025/06/13/quem-foi-carlo-acutis-que-deve-ser-primeiro-canonizado-no-papado-de-leao-xiv-data-da-cerimonia-e-definida.ghtml. Acesso em: 6 ago. 2025.

QUEM foi o beato millennial que teve milagres reconhecidos pelo papa. *Veja*, São Paulo, 24 maio 2024. Disponível em: https://veja.abril.com.br/mundo/quem-foi-o-beato-millennial-que-teve-milagres-reconhecidos-pelo-papa/. Acesso em: 6 ago. 2025.

TAKAHASHI, Luana. Brasileiro que teria sido curado por milagre de Acutis é reservado e devoto. *Uol*, São Paulo, 7 jun. 2024. Disponível em: https://noticias.uol.com.br/cotidiano/ultimas-noticias/2024/06/07/veja-brasileiro-curado-milagre-carlo-acutis-padroeiro-internet-hoje.htm. Acesso em: 6 ago. 2025.

SUA OPINIÃO É MUITO IMPORTANTE

Mande um e-mail para **opiniao@vreditoras.com.br**
com o título deste livro no campo "Assunto".

1ª edição, set. 2025

FONTES Abril Fatface 18/16,1pt;
Warbler Text Regular 11,5/16,1

PAPEL Offset 90g/m²

IMPRESSÃO Gráfica Santa Marta

LOTE GSM130825